私の愛着定番77

雅姫

my
most
favorite
77
things

学生時代はインテリアディスプレイを学び、「物」を飾る楽しさを知りました。26歳でブランドを立ち上げ、「物」を作る楽しさを覚えました。そして20代、30代と海外のアンティークマーケットやショップを歩き回り見つけた「物」、海外で知った伝統的なブランド、そして日本の各地で出会った素晴らしい手仕事による「物」たち。こうして出会ったものに囲まれての生活は、とても心地よく、そして日々楽しいのです。今回ご紹介するのは、その中でも特に愛着のある定番品ばかり。眺めれば眺めるほど、なんでこういう形なのかな、デザインなのかな、と興味が湧いてきます。そうして、ひもといた「物」たちのバックグラウンドを知り、ますます愛着が増していく。そんなふうにして、物と自分のお付き合いが深まりました。どこで出会ったのか、どこに惹かれたのか、どう使っているのか。そんなストーリーが、皆さんにとっても素敵なものと出会えるきっかけになれば、と思っています。

雅姫

# Contents

はじめに

## 6 第1章 私の好きなおしゃれ

### 7 永遠のベーシック

- マーガレット・ハウエルのシャツ　8
- 一粒パールのネックレス　10
- マッキントッシュのコート　12
- ヘレン カミンスキーのラフィアの帽子　14
- レペットのバレエシューズ　16
- La visite dans l'univers de Repetto
  フランス・レペットを訪ねる旅へ　17
- ジョンストンズのカシミアストール　34
- コンバースのキャンバス オールスター　36

### 38 おしゃれの相棒

- リーバイス501　40
- Lee　41
- A.P.C.　41
- サルトルのブーツ　42
- ハンターのレインブーツ　43
- G.H ハート＆サンのストール　44

- レザビヌフのバッグ　46
- 刺しゅうの服　48
- Vネックのカーディガン　50
- ナンタケットバスケット　52
- リバティプリントの服　54
- ドットプリント　56
- レ ネレイドのアクセサリー　58
- あけびのかご　60
- サイザルのかご　61
- ジョン スメドレーのニット　62

## 64 第2章 暮らしの雑貨と道具

### 65 ずっと使ってきたもの

- ル・クルーゼの鍋　66
- デュラレックスのグラス　68
- オスタライザーのブレンダー　70
- ハグ オー ワーのタオル　72
- 柴田慶信さんの曲げわっぱ　74
- アルフィーのポット　76
- ザ・コンランショップのソファ　78
- シンプレックスのケトル　80

82 頼りにしているもの

気泡のガラス　84
湯のみ茶碗　85
水牛のスプーン　86
漆のスプーン　87
有次の料理道具　88
白いピッチャー　90
アピルコの水切り　91
シュウ ウエムラのバスオイル　92
コテ バスティッドのバスマット　93
オン フィル ダンディエンヌのブランケット　94
テンピュールの枕　95
メイソンピアソンのブラシ　96
マリアージュ フレールの紅茶のキャンドル　98
ロクシタンのグリーンティ オードトワレ　98
オリジンズのピース オブ マインド　98
ニールズヤード レメディーズのアロマパルスパワー　98
ポール＆ジョーのグロスとリップ　100
パーフェクトポーションのバズオフボディスプレー　102
ハニックスのシェイビングクリーム　102
梵天付き耳かき　102

ヴィトリーのツィーザー　102
デル ファブロのアイロン台　104
ラバーメイドのゴミ箱　105
SIDE BY SIDEの洗濯物干し　106
あじさい　108
有次の花切りばさみ　109
ツェツェの花器　110
球根　111
ラ・ドログリーの毛糸　112
ジョン ルイスの布切りばさみ　113
無印良品のクリアホルダー　114
ファーバーカステルの色鉛筆　115
ピュアスタイルの本　116
ニューバランスM1300　118
げんべいのビーチサンダル　119
リモワのスーツケース　120
スマイソンのパスポートケース　121
レコード　122
ポラロイドカメラ　123

あとがき　124

お問い合わせ　126

※商品の取り扱いがあるものは、お問い合わせ（P.126）に掲載しています
※商品データは2009年3月現在のものです。商品の変更、生産中止、お問い合わせ先の変更などがおこる場合があります

# 1

私の好きなおしゃれ

## 永遠のベーシック

　私にとって永遠のベーシックとは、いつの時代にも"ブレないもの"。とは言っても、女性ですから、流行のアイテムを楽しみたい気持ちもあれば、いつもと違う素材や色で冒険する時もあります。キラキラやかわいいものに惹かれるという自分もいます。でも気づいたら、また戻ってきてしまう、そんなものたち……。色で言えば「白」。素材で言えば「表情のあるもの」でしょうか。デザインはシンプルで、いろいろなものを合わせて楽しめるものが、私にとってのベーシック。そこに付随するのは着心地であったり、機能性であったり。アイテムによって、その優先順位は違ってきます。そして時代の流れが変わるとともに、私の中のベーシックの基準にも多少の変化が見えています。例えば今までだったら絶対に着ない色も身につけるようになりました。でも情報があふれ、仕事柄、自分の好みとは多少違うテイストも試したり、身につける必要に迫られることもあります。そうするうちに「私っていったい何が好きなの？」と自分自身が混乱することも。そんな時、ふっと手に取ったり、身につけた時に不思議なリラックス感、安心感を得られるもの。そして少しズレても、やっぱりまた基本に戻る。それが永遠のベーシックと呼べるアイテムなのです。

MATERIAL：リネン100％　SIZE：Ⅰ、Ⅱ、Ⅲの3サイズ展開　PRICE：¥29400

# マーガレット・ハウエルのシャツ

　今ではスカート姿が定着している私ですが、高校時代は「女だからと言って、なんでスカートをはかなきゃいけないの？」と口にするほど、パンツスタイル一辺倒。そのころはバリバリの陸上部で、肌は日焼けで真っ黒。髪もショートカットで、男の子に間違えられることもしばしばでした。時代はトレンディドラマ全盛期。見ていたドラマの主人公は、白いシャツにパンツスタイル、パーマをかけたロングヘアで、仕事に、そして恋に生きる女性だったのです。そのスタイルに憧れて以来、白いシャツは私にとって、最も女性らしさを表現できる永遠の定番スタイルに。その中でも、マーガレット・ハウエルのシャツは格別。英国生まれのマーガレットが、キャリアをスタートさせるきっかけとなったのも、フリーマーケットで出会った1枚のメンズシャツだったそう。彼女は"英国の伝統を打ち破ったデザイナー"と言われたとおり、プレスのかかったシャツではなく、当時としては珍しい糊がきいていないゆったりしたシルエットのシャツを発表しました。私が惹かれたのも、洗いざらしのリネンが持つ、着古したような独特の風合いです。マーガレット自身も、ラフな白いシャツとパンツスタイルが似合う女性。そのスタイルは自分を飾り立てることなく、中身だけで勝負できる女、肩ひじを張ることなく、自信に満ちあふれる大人の女性の姿に見えます。私自身は、衿付きよりスタンドカラーのほうがカジュアルに感じられ、ボタンを2つぐらいはずして着ると、とてもリラックスできます。このシャツは今でも彼女の「Favorite Shirt Collection」の1枚としてショップで展開されています。

MATERIAL：あこや真珠　SIZE：7〜7.4mm　PRICE：¥44100

# 一粒パールのネックレス

　異人館で有名な神戸の北野町が、"真珠の街"と呼ばれていたことをご存じですか？ 20代のころは、母の鏡台にあった真珠のネックレスの印象が強過ぎて「フォーマル」「つけていく場所が少ない」と敬遠していた真珠。でも30代になったせいか、また真珠店の社長さんから、その真珠への熱い想いを聞いたせいか、私自身もすっかり真珠の虜になりました。そのうち「では一つデザインしてみては？」と、うれしいお話をいただき、あこやパールの一粒ネックレスを作ったのです。今や天然の真珠は数少なく、ほとんどが日本で開発された養殖の技術で作られています。養殖真珠は、母となるあこや貝に核を仕込み、その核を異物と感知した貝の外套膜が真珠質を分泌し、核に幾重にも巻きつけて真珠層を作り、やっと丸い真珠が出来上がるのです。こう説明するとなんとも簡単ですが、例えば貝が育つ海水の温度が高過ぎてはテリ（光沢）が生まれず、温度が低過ぎては貝が死んでしまうそう。それはそれは手間と時間をかけて育てられるのです。そんなふうにして作られた、大切で美しい真珠だから、一粒一粒が愛おしくてネックレスを作りました。チェーンの長さやとめ金にもこだわり、ふだん着にも映える「どんな服にもつけられる」ネックレスです。今ではニットの上に、また胸もとがあいたブラウスに、私にとっての大切な定番アクセサリーの一つとして活躍しています。

MATERIAL：綿100％　SIZE：36　PRICE（参考価格・フード付きタイプ）：¥147000　※このコートは、現在取り扱いがありません

# マッキントッシュのコート

　長年憧れていたマッキントッシュのゴム引きコートを買ったのは、今から3年ほど前のこと。正直、購入して初めて袖に手を通した時は「やっと買えたな〜」と感慨深かった特別の1着でした。実は同じブランドでも、綿のトレンチコートは以前から持っていたのです。でもマッキントッシュのアイコン的なゴム引きのコートだけは、ずっと着こなす自信がありませんでした。私の服の好みは、パリッとしたものより、よれっとしたもの。ゴム引きコートは、ある意味正反対だったこともあり、なんとなく躊躇する気持ちがありました。でもある日、英国でゴム引きコートをジェントルマンが大人っぽく素敵に着こなしている姿を見て、よしっ、私も着てみよう！と思いたったのです。一種独特なマッキントッシュのゴム引き素材は、1822年に誕生したそうです。縫い目から雨や風の浸入を防ぐため、縫製した縫い目の裏に防水テープを張り、ポケットも接着剤でつけて完全防水にするそう。しかもこの工程は、職人さんが指に特殊なグル（接着剤）を取り、生地にのばして、張りつけ、ローラーをかけて乾かすという、手間と時間をかけた職人芸。それだけに生産数が限られ、お値段も少し高めになってしまうのですね。完全防水なので、保温性に優れ、かなり寒い日でもセーターにこのコートをはおれば暖かい。最近はスタッフの結婚式によばれることなども増え、徐々にフォーマルなシーンも多くなっています。そんな時、いつもならアウターに悩むところですが、はおると背すじがシャキッと伸びる、マッキントッシュのコートに頼りっぱなしです。

MACKINTOSH

MATERIAL：ラフィア　SIZE：フリー　PRICE：¥26250

# ヘレン カミンスキーのラフィアの帽子

　ヘレン・カミンスキーは、オーストラリアのシドニー郊外にあるハンターヒルという自然に囲まれた環境で育ったデザイナーです。帽子とバッグのブランドで、日本でも多くのファンをつかんでいます。人気のラフィア素材をはじめ、ウールやコットンなどさまざまな素材の帽子が揃っていますが、私が断然惹かれるのもやっぱりラフィアです。現在ヘレン カミンスキーが使用するラフィアのすべてが「最良」と言われるマダガスカル産。ヘレンはマダガスカルの女性たちに仕事を提供したいという気持ちを持ち、フェアトレードの先駆けでもあったそうです。しかも自然を愛するヘレンは、ラフィア椰子の生育を妨げない採取方法を取り、ラフィアを染める染料にも植物や野菜などの自然素材を使っていると聞けば、ますますこの帽子が愛おしくなります。私の定番であるPROVENCE（プロヴァンス）は、ブリム（つば）の長さが8cm、10cm、12cmとあり、これは12cmのもの。ブリムを上げたり、写真のように下ろしたり、帽子が持つ表情を楽しみながらかぶっています。夏の暑い時期は日射しから肌や頭を守ってくれるので、庭仕事の時も大活躍。なにより蒸れないので快適です。頭囲はすべてフリーサイズですが、ひもである程度は調節も可能。オフィスに自転車で通う時も、きゅっと締めておけば風で飛んだりしません。ブリムが前に垂れていれば、顔が焼けず、編み目の隙間から前を覗く……なんて、あまりおすすめできない裏技も持っています（笑）。

## レペットのバレエシューズ

　スニーカーばかりはいていた私が、初めて出会った女性らしい靴。それがレペットです。ちょっぴりコンプレックスがある脚を隠したいがために、パンツやロングスカートばかりはいていたのですが、レペットに足を通したら、なぜかとても華奢で女っぽく見えたのです。私が好きな形はBB（ベベ）とCendrillon（サンドリオン）。BBは2005年に登場した、足の指が見えるぐらい甲を浅くしたバレエシューズ。若かりしころ、"素足のようなコケティッシュなシューズ"を望んでいたブリジット・バルドーの愛称BBという名前からつけられました。またCendrillonはフランス語でシンデレラの意味。50年ほど前に、やはりブリジット・バルドーのために作られたデザインで、BBより多少甲が深いので、誰もが抵抗なくはけるデザイン。最初の1足におすすめです。ほかにもBBに3cmヒールのついたエレガントなCamille（カミーユ）、つま先がトゥシューズのようなデザインのBolchoi（ボリショイ）も愛用しています。でもなんと言っても大好きなのは、真っ赤なBBやCendrillonの足もとに、白いシャツ、デニムを組み合わせた着こなしです。そしてレペットのバレエシューズのよいところは、旅先でとても便利なこと。ペタンコになってスーツケースに収まるうえに、ワンピースに合わせればフォーマルにも対応できます。またホテルの部屋ではルームシューズとしても活用できるという万能選手。今やこんなにも集まってしまったレペットですが、少しずつ違う色や形を眺めながら、どんなコーディネートにしようか考える時間がとても好きなのです。

（雅姫さん着用）MODEL：BB　MATERIAL：グリッター　PRICE（参考価格）：¥25200〜
※この靴は、現在取り扱いがありません

La visite dans l'univers de Repetto

# フランス・レペットを訪ねる旅へ

ジーンズには真っ赤なBB、シンプルなワンピースには、黒のサンドリオン……。
日々のコーディネートに欠かせないのが、レペットのタウンシューズです。
靴の柔らかさは、まるで素足でいるかのよう。なによりキュートでシンプルなデザイン。
その魅力を探るべく、パリの本店、そして南フランスにある工場を訪ねました。

## 母の愛情から生まれたレペットシューズ

この方がローズ・レペット。愛する息子のために「どうしたら、踊りやすい靴を作れるのか」という母心が、あの「ステッチ&リターン」を生み出したのでは？と想像してしまいました。

　レペットは1947年、モンマルトルでレストランを営んでいたローズ・レペットというひとりのミラネーゼによって創設されました。今も本店が残る、オペラ座に近いRue de la Paixに、小さなダンスシューズのワークショップを設立したのです。「なぜミラネーゼの彼女が？ しかもレストランを経営していたのに、なぜダンスシューズを？」と伺ったところ、なんと彼女の息子は、バレエファンにはおなじみの振付家、ローラン・プティ！ 彼からの要望で、ローズは最初のダンスシューズを作ったそう。なるほど、納得です。彼女のダンスシューズを作る手法は、革を中表にした状態で靴底の側面にぐるりと縫いつけて、それをひっくり返し、中敷を入れ、形を整えるという「ステッチ&リターン製法」。この独自の製法は後にタウンシューズにも生かされ、これが後々に大ヒット。レペットがバレエ界だけでなく、全世界の女性たちに愛されるブランドへと育っていった理由の一つなのです。

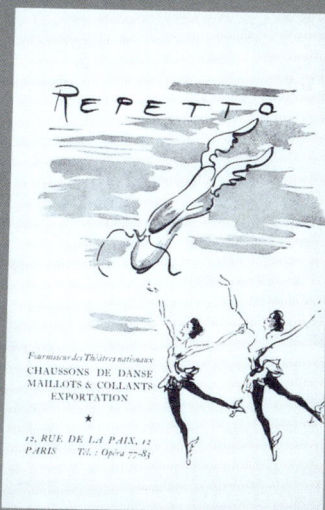

## 初期のタウンシューズ

パリのプレスルームにあったアーカイブには、スクエアなデザインの初期のタウンシューズも。

初期のレペットの広告。ダンスシューズ作りに始まり、チュチュやレオタードなどの生産も始め、世界中の有名ダンサーからの注文が殺到しました。

バレエシューズブームの先駆けと言われる、レペットのタウンシューズは世界中のセレブリティに愛されています。でも最初にレペットの名を広めた人と言えば、ブリジット・バルドーではないでしょうか。彼女はコンセルバトワールでバレエを習っていたことがあり、愛用するバレエシューズのように、快適で軽い、そしてセクシーな要素を持った靴を要望したそうです。そこでつま先を足の指の付け根まで浅くしたサンドリオンが誕生しました。その仕上がりをとても気に入ったバルドーは、全色をオーダー。ギンガムチェックのドレス、サブリナパンツ、首にスカーフといったバルドースタイルは、レペットの靴とともに世界中のおしゃれな人々の憧れのスタイルとなりました。

粋、COOL、それともちょい悪（笑）……どんな言葉で表現したらいいかわからないセルジュ。素敵過ぎます。

そしてもうひとり、レペットのスポークスマン的な存在と言えばセルジュ・ゲンズブールです。タキシードにも、デニムにも、常に素足でレペットをはく彼のスタイルは、おしゃれな人々の注目を集め、彼やパートナーのジェーン・バーキンが愛用したジジ・オム、ジジは、おしゃれな男女の必須アイテムとなったのです。実際、ゲンズブールのクロゼットには常に白のジジ・オムが20足以上も並んでいたということですから、驚きです！

この時代のおしゃれアイコンであったブリジット・バルドーとレペット。

アーカイブに保存してあった、ブリジットの足型で作ったサンドリオン。

2008年、レペットは創業60周年を迎えました。それを記念して、世界中のセレブリティ60名が、レペットの靴をカスタマイズしました。その中でブリジット・バルドーがカスタマイズした、なんとも懐かしい赤と白のギンガムチェックのBB！ フランスで限定60足のみ、シリアルナンバー入りで発売されました。雑誌に掲載された記事をうっとり眺め「いいなあ。フランスだけの発売かあ」と諦めていたのですが……、なんとレペットのゴーシャ社長から特別にプレゼントされたのです！ 諦めていた1足にパリで出会えるなんて！ もう、飛び跳ねたいぐらいうれしい！ どんな服に合わせよう。大切にはかせていただきます!!

ビビッドな赤のフレンチギンガムチェックがとってもキュート。ちょっぴり派手だけど、足もとだったら年齢に関係なくはけそう！ 靴を引き立たせるためにコーディネートはシンプルにしたいですね。

レペットを世界的なブランドへと引き上げたゴーシャ社長。以前は同じ靴でもタイプが違うリーボック社で働いていたそうです。

## 小さなバレリーナが集うパリの本店には、驚くほどの種類とカラーバリエーション!

　レペットの本店は、オペラ座に近いラ・ペ通り沿いにあります。華やかな衣装が飾られたショーウインドーが目印で、髪をトップでシニョンにまとめた、小さなバレリーナが店内を覗き込む姿もよく見かけます。初めて訪れた時、娘のために日本に入荷されていなかった子供用のBBを買ったのも思い出。でもあっという間に足が大きくなって、はけなくなっちゃった……。そんなことを懐かしく思い出しながら店に入ると、店内にはきらびやかなシャンデリア。丸いテーブルにぐるりと並んだ色とデザインがさまざまなタウンシューズ。そして圧巻は棚いっぱいのトゥシューズです。ちょうどバレリーナの卵たちがシューズ選びの真っ最中。バレエ学校の先生に連れられて、店員さんが出してくれたトゥシューズをはいてはバーにつかまり、つま先で立っては試す、を繰り返しています。こんな素敵な光景を眺められるのは、パリの本店ならではの特権ではないでしょうか。

(上) 日本でもさまざまなデザインが買えるようになりましたが、パリ本店のディスプレイは圧巻! 次々に欲しい靴が見つかって困ります……。

(下) 大きなショーウインドーには小さなバレリーナにとって垂涎の的のチュチュをはじめとする素晴らしい衣装がディスプレイされていました。

左からクララちゃん、エリザベスちゃん、ジュリーちゃん。みんな10歳の女の子。「コンセル サンマンデアン」バレエ学校の生徒たちです。

足の形は人それぞれです。足指の長さから、甲の高さや幅など、自分の足にぴったりのトゥシューズを探すには時間がかかるものです。

バーにつかまり、何度もポワント（つま先立ち）して、甲が美しく出るか、つま先が痛くないか、はいては試しを繰り返しています。

小さな未来のバレリーナたちをポラロイドカメラでパチリ。記念にサインをもらったり、彼女たちにも何枚かプレゼントしました。

もっとレペットの魅力が知りたくて、
フランスの南西部、ドルドーニュ地方の工場を訪ねました。

パリから南西に500km。世界中のバレリーナの足もとを飾るトゥシューズ、
そして世界中の女の子が憧れるレペットのタウンシューズが作られる工場は、
のどかな丘陵地帯が広がるドルドーニュ地方の一角にありました。

　パリの南、オーステルリッツ駅を出発した列車はひたすら3時間ほど走り、陶器で有名なリモージュに到着しました。そこで乗り換えてさらに30分。やっと目的地のThiviers（ティヴィエール）駅に着きました。ここドルドーニュ地方は、なだらかな田園地帯が続く、のどかな田舎町です。駅から工場への30分の道のりには、ヒツジが草をむしゃむしゃ食んでいる姿、丸々と太ったガチョウ（ドルドーニュ地方はフォアグラの名産地！）が行進している姿が見られます。レペットの工場では120人が働き、1日平均で1600足のタウンシューズと360足のトゥシューズが生産されているとか！ あの抜群のフィット感、そして軽さの秘密、さらにうわさの「ステッチ&リターン製法」をこの目で見るのが楽しみです。

初めて見るトゥシューズを作る工程。さらに世界的バレリーナのために特別な1足を作るスペシャルオーダー。どれも記憶にとどめたくて、ポラロイドで撮りました。

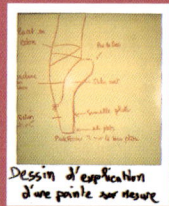

# バレエシューズができるまで

靴底には、厚さが6mm、1㎡60ユーロの高価なフランス製牛革を使用しています。

トゥシューズの底革には、このような版でロゴが刻印されます。シューズのブランドや種類に合わせ、何種類かのロゴが用意されています。

ひと回り小さい革をもう1枚重ね、靴底に強度を持たせますが、この部分は靴底に隠れるため、外見上は一枚革の靴底に見えます。

かかとをつけるための、糊を塗っています。一度塗った後、いったん乾かします。

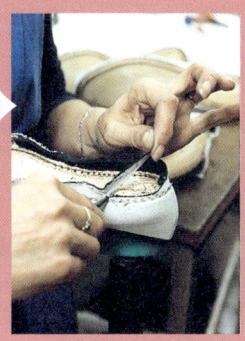

60年前から元気に働いているミシンで、一足一足ていねいに手作業で縫っています。素材はすべて裏表が逆。見えている白い革が出来上がった際は内側になります。

ひっくり返した時に、フォルムが崩れないよう、余分な革をぐるりと削り落とします。

ステッチ&リターン製法
かかと部分を型に当て、側面をくるりと裏返す……。これが有名なレペット独自の「ステッチ&リターン」。

a
今やレペットの売り上げの80％は
タウンシューズ。フランスに次いで
人気が高いのが日本だとか。

b
乾かされ、最終チェックを受けてか
ら袋詰めされるトゥシューズ。どん
なバレリーナの元に届くのかしら。

c
52歳のアニーさんは、
15km離れた村から通
い、33年間も働いてい
るベテラン職人。おしゃ
れにジジをはきこなして
いました。

d
つま先で立つための、硬い
ポワントは、麻と小麦粉で
固められているそうです。

e
出荷待ちのタウンシューズ。私も大好きな
おしゃれな黒いBOXがずらり。

f
現在、工場で作られるトゥ
シューズは4種類。左から英国
から受注生産している「GAM
BA（ギャンバ）」、レペットス
ペシャルオーダー、レペット
既製品、さらに既製品の新作
「Carlotta（カルロッタ）」

g
工場長が言うには「レ
ペットが目ざしている
のは、生産性よりクオ
リティ」。だから今でも
手仕事を大切にしてい
るのです。

## 名高いプリマもオーダーする、スペシャルオーダー工房

　2年前から始まったレペットのスペシャルオーダー。こちらは「自分の足にぴったりフィットするトゥシューズをオーダーしたい」という、主にプロのダンサーたちを相手にした、すべての工程をひとりの職人が行う工房です。職人はかれこれ26年もレペットの工場で働いているというポワントのプロ、ジョエルさん（46歳）と、その後継者として2年前からスペシャルオーダー専属の職人となったフレッドさん（31歳）のおふたりです。工房には「パリオペラ座○○」「サンフランシスコバレエ団○○」といったふうに、世界中のバレエダンサーからのオーダーシートが並んでいます。ジョエルさんに、「今この工房でオーダーを受けている一番有名なバレエダンサーはどなたですか？」と伺うと、あのパリの宝と呼ばれている名エトワール「パリオペラ座のマリー＝アニエス・ジロー」の名前があがりました！

ジョエルさんが、スペシャルオーダーのトゥシューズを作りながら学んだことが、新作のヒントになることもあるそう。

オーダーシートを元に、細かい要望に応えるため、職人さんがサイズやメモを書き込んでいきます。

あら、トゥシューズがポワント状態でペン立てに！　かわいい。私もまねしたい、おちゃめなアイデアです。

ここで作ったトゥシューズが、はき試された後に戻ってくることも。実際にはいてみて、どこがよかった、どこが悪かった、と細かい指示が届きます。

先ほど登場していただいたアニーさんの足もとです。ワンピースにジジのスタイル。シンプルでおしゃれ上級者。

## 工場で働く人たちの足もとは、
## みんなレペットです!

工場を見学しているうちに、ふと気づきました。
あら、働いている人の足もとがレペットです!
皆さん、なんてかわいいんでしょう。
そして、個性的なんでしょう。
抜群のフィット感とはき心地が、
長時間の立ち仕事にもぴったりなんですね。

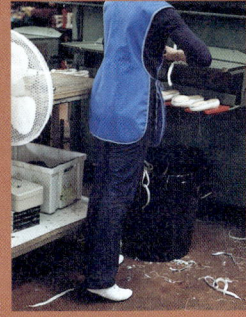

ボーイッシュな女性は、ジジをパンツスタイルに合わせています。メンズライクなはきこなし方です。

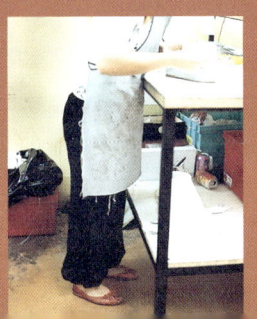

ちょっぴり広がった(?)赤のサンドリオン。この方のはき方は、とてもカジュアルですね。

MATERIAL：カシミア100％　SIZE：190cm×70cm　PRICE：¥60900

# ジョンストンズのカシミアストール

　仕事でスコットランドに行った時のこと。あまりの寒さに耐えられず、1枚の暖かなカシミアストールを購入しました。それがスコットランド生まれのブランド、ジョンストンズとの出会いです。ジョンストンズは1797年創業の老舗で、もともとはウールを中心とした手織りビジネスを展開。1980年代に入ってからはニットウエアの製造を始めたそうです。現在でも原毛から紡績、そしてウィービングやニッティングもすべて手がける、英国でも珍しい一貫生産工場を持つメーカーなのですが、その名はあまりなじみのないものでした。と言うのも、長年、高級メゾンや有名デザイナーのニット製品を作る裏方に徹しており、オリジナル製品をあえて目立たせなかったからです。現在のジョンストンズは、その工場から生まれたオリジナルブランド。もともとが高品質素材を扱い、ニット生産のノウハウも確かな会社なので、徐々にオリジナルの認知度も高まってきました。私が好きなのは厚さがしっかりあるカシミアの大判ストール。デザインはとてもオーソドックスですが、娘が中学生となり、学校行事が増えたこともあり、ある程度の"きちんと感"が必要な服装の時に大活躍しています。ふだんはぐるりと首の回りに巻き、フリンジのついた裾を垂らしているのが好きです。でも飛行機に乗った時はマントのように広げてはおったり、ひざにかけたり、とさまざまな使い方をしています。やはりいいものは長く使えるし、私自身の年齢もそういうものを大切にしていく時機になったと思い、これからも気に入ったものを1枚ずつ揃えていきたいなと思っています。

ウィービング……織物

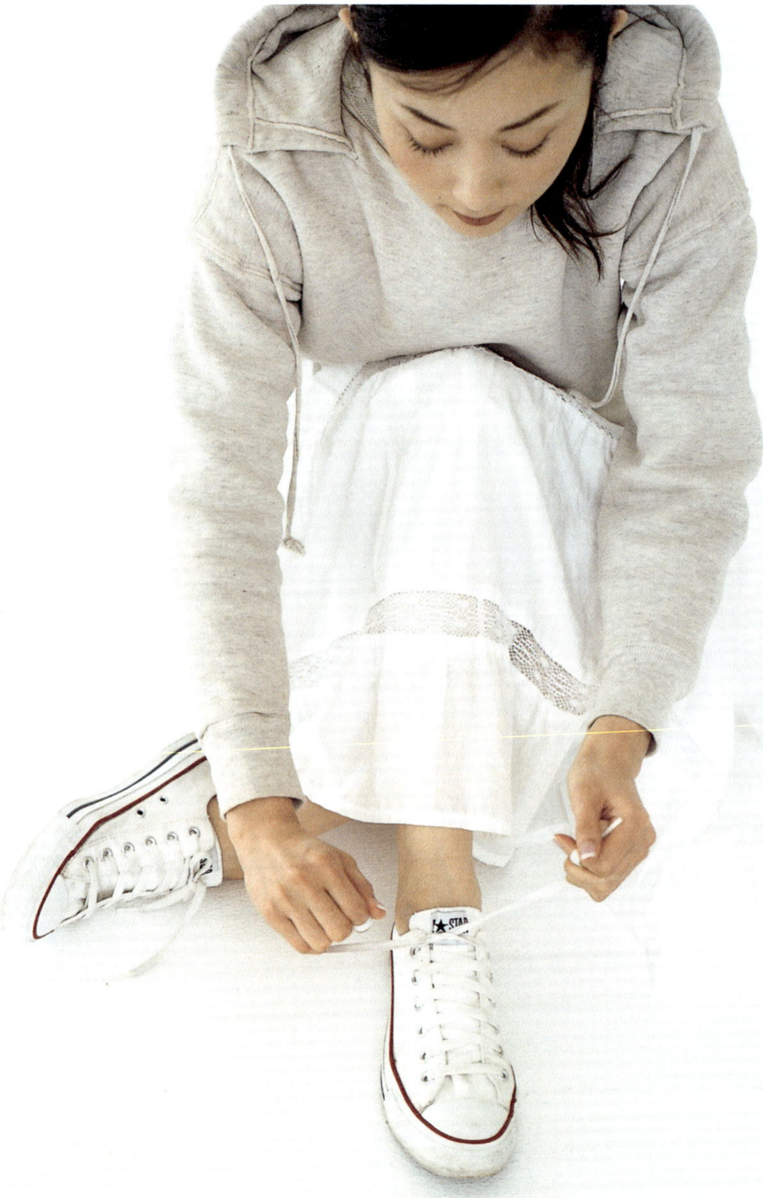

★CONVERSE®

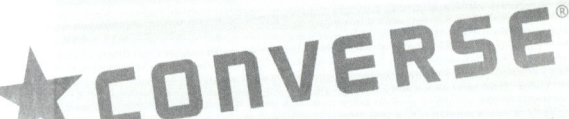

MATERIAL：(アッパー)キャンバス　(ソール)ゴム　SIZE：22〜30cm　PRICE：¥5565

# コンバースのキャンバス オールスター

　私の定番というよりは、家族全員の愛用品という言葉がふさわしいコンバースのキャンバス オールスター。昔はボーイフレンドの影響で、ギンガムチェックのベン・シャーマン（英国で1963年に創業したオリジナルのボタンダウンシャツが有名なメーカー）のシャツにジーンズ、そして足もとには生成りっぽい〈ホワイト〉か、真っ白な〈オプティカルホワイト〉のコンバースというファッションを楽しむ時代もありました。クラシカルでシンプルなスニーカーは服を選ばないので、スカートや古着にも合わせていました。キャンバス オールスターはデザインからもわかるとおり、バスケット専用のシューズとして1917年にアメリカで生まれたものです。アッパーはキャンバス、アウトソールがラバー素材で、歩き回る日にはとても楽。秋田では雪が多く、冬になると足もとのおしゃれなんてまったく不可能だったので、一年中スニーカーをはける今はとても幸せです。適度な靴底の重み、そして夏は素足でもはけるぐらいの快適さも魅力です。コンバースには、面ファスナータイプやサイドにジップがついたキッズコンバースもあります。「娘にもいつかはかせたい」と思って買ったのですが、小さいうちはひとりでなかなかはけず、結局飾り物のままに……。そんな娘が今や、日々のファッションにコンバースを一番合わせている、私以上の愛用者になりました。

## おしゃれの相棒

　おしゃれの根底には、まず自分に似合うか似合わないか、ということがあると思います。それがたとえ「流行である」「人気のブランドである」と言われていても、自分に似合わなかったらおしまい……。また洋服に着られているように見えたり、持っているものが浮いてしまっては成り立ちません。そんな理由もあり、私がおしゃれの相棒に選んでいるのは「自分らしさが見えるもの」。ではどうしたら自分らしさを演出できるのか？　それは、一つは内面性の問題。本当にそれが好きなのか。好きで好きで使い込んだものには、不思議とその人らしさが移ります。使い込んだかご、はき込んだ靴、さりげなく巻いたスカーフ。「使っている感」とでも言いましょうか、それが「物」を「相棒」へと変身させるのだと思います。もう一つは、全身のバランスを考えることではないでしょうか。体型は人それぞれ違います。それらを身につけた時、最後に全身鏡でバランスをチェックします。このバッグは私に大き過ぎないか小さ過ぎないか、この靴は全身の印象を崩していないかなど。そうやって見極めて残ったのが、この相棒たちなのです。

## リーバイス501

　高校時代、地元の古着屋でアルバイトをしていました。そこには毎日古着と音楽について熱く語るお兄さんがいて、私も中途半端にジーンズについてかじりました（笑）。アルバイト代はすべて洋服に消えるという生活でしたが、さほど高価なものは買えません。それでも可能な限りこだわりたくて、ジーンズをタワシでずっとこすってみたり、時にははいたままお風呂に入ってみたり……。理想の縦落ちを目ざし、いろいろ試したものでした。現在愛用する3ブランドのうち、リーバイスの501は世界的に愛用者が多い、定番中の定番。中でも501の頭にSがつくのは第二次世界大戦中に生まれた大戦モデル。第1ボタンが市販のドーナッツボタンであったり、コインポケットのリベットがなかったり、と戦時下の物資不足が反映されたデザインです。私は501はシルエットやデザインより着心地が好きです。太ももにゆとりがある、渡りがゆったりとしたデザインなので、メンズライクな着こなしには、この501をボトムに選びます。

PRODUCT : S501XX

## Lee

レースやスモックブラウスを着る時、ボトムには古着を合わせ、甘さを着崩すようにしています。その時に選ぶのがLeeの101B。これは何カ月もかけてやっと原宿の古着屋で見つけたもので、1950年代後半から1960年代前半のビンテージ。色も薄めでサイズはちょっと大きいけれど、裾を2ロールしてヒールに合わせたりしています。古着のジーンズは生地がくたくたなので、なにより柔らかくてはきやすいのも魅力です。

PRODUCT：101B

## A.P.C.

シルエットがタイトなので、長めのチュニックなどに合わせるのがA.P.C.のジーンズ。初めての1本は、1991年に代官山にA.P.C. FEMMEができた時、1時間ぐらい並んで買ったという懐かしい思い出もあります。この2本はパリのショップで見つけました。どちらも細身で、私の体型にジャストサイズのジーンズなので、ウエストがきつくなったら「やばい!」と、日ごろの体型維持の目安にも役立っています（笑）。

（写真左）PRODUCT：プチスタンダード　SIZE：24〜34　PRICE：¥16800
（写真右）PRODUCT：ニューキュア（レディースのみ）　SIZE：25〜28　PRICE：¥16800

## サルトルのブーツ

SARTORE

冬のコーディネートに欠かせないブーツ。いろいろなブランドを試した結果、南フランスで生まれたサルトルに落ち着きました。脚が筋肉質で、長年コンプレックスを持っている私ですが、さすが"世界で最も美しい乗馬ブーツ"です。はくと、あら、ちょっと脚がきれいかしら〜？って、気持ちが上がります。特にふくらはぎにはゆとりがあるのに、足首のラインがスマート！ これはほかのブーツには、なかなかないことです。人気のバックベルトタイプやハラコのウエスタンブーツなど、登場するデザインはその年によって多少違います。私が愛用しているのは、その中でも最もシンプルなデザイン。ジップもなにもついてなくて、特徴と言えばひざ下に切れ込みが入っているのと、はく時に便利なプルストラップが後ろについていることぐらい。はくほどに革が柔らかくなじみ、独特のツヤが出てきます。ヒールが太く、低いので、ヨーロッパの石畳を一日中歩いても足が疲れません。

MODEL：BSR1201　MATERIAL：カーフレザー　PRICE：¥99750

MODEL：
（左）ハンターオリジナル
（中央）ヤングハンター
（右）アーガイル
MATERIAL：
天然ゴム
SIZE（ともにUKサイズ）：
ハンターオリジナルは3〜9
ヤングハンターは7〜13、1、2
PRICE：
（左）¥17850
（中央）¥9240
※アーガイルは参考商品

## ハンターのレインブーツ

　雨の日はもとより、ガーデニングブーツとして愛用しているハンターは、1856年にスコットランドのHunter Rubber（ハンター ラバー）社で生まれたラバーブーツのブランド。英国王室御用達になっただけあり、単なる長靴とは違う気品が漂っています。あのケイト・モスが野外ライブではいていた写真も人気爆発のきっかけになったとか。足首にホールド感があり、ひざ下にぴたりとフィットするので、とてもスタイリッシュ。それなのに、ぬかるんだ山を歩いても、靴底がすべることなく、とても歩きやすいという機能性も兼ね備えています。実はこのラバーブーツは、職人の手によってゴムの木から取れる天然樹液（ラテックス）だけを使って作られます。しかも木型や28種類ものパーツもすべて手作りで、ブーツ本体を丸ごと天然ゴム槽に漬けるので、継ぎ目がなく防水性に優れたブーツに仕上がるそうです。わが家では家族3人ともハンターを愛用。夫のブーツはアーガイルといって、赤い縁が特徴のブーツですが、日本ではもう取り扱いがないもの。雨の日のファッションは靴に制限があり、なかなか難しいものですが、ハンターのブーツがあれば、かなり満足のいくおしゃれが楽しめます。

## G.H ハート＆サンのストール

MATERIAL：麻100％　SIZE：110cm×110cm　PRICE（参考価格）：¥6300〜　※同じものは、現在取り扱いがありません

旅先のコーディネートのバリエーションに、そして日々のおしゃれに、常に巻きものが欠かせない私です。ジョンストンズ、ファリエロ・サルッティなど、お気に入りのメーカーはいろいろありますが、フェミニンなテイストが欲しい時に活躍するのがG.H ハート＆サンのストールです。1912年、英国のノッティンガム地方で創業したレース編みのファクトリーで、ボンポワンやA.P.C.も顧客とか。ハグ オー ワーでも4年前からオリジナルカラーを発注しています。ミドルゲージのレース編みがここの特徴で、独自のさまざまな編み目パターンにいつも惹かれます。首回りに巻いた時や肩にかけた時、縁が波打つ具合がとてもフェミニンな印象。これは製品を仕上げる際にスチームをかけるからだとか。素材はリネン100％、コットンからウールまでいろいろありますが、夏はリネンのストールが大活躍。強い日射しの下でも、ふわっとはおれば、日焼けが防げるし、なんとも涼しいのです。なによりくるっと丸めてバッグに入れてもかさ張らない。そんな手軽さも魅力です。

## レザビヌフのバッグ

　南フランスのリル・シュル・ラ・ソルグという運河沿いの街には、200店ものアンティークの常設店に加え、日曜日になると同じ数ほどのストール（屋台）が並ぶ大きなマーケットが開かれます。3年前、ここでモロッコタイルの素敵なエントランスが目を引く、アンティーク家具のお店を見つけました。これが私とレザビヌフの出会い。店の奥に大好きなアンティークリネンをリメイクしたバッグが並んでいて、ああ、お店ごと欲しい！と天に祈ったほどでした。その店の主でデザイナーのパトリシアさんは、マーケットで古い布を探しては、バッグや洋服、クッションなど新しい形に蘇らせています。特にデザインの勉強はしていないそうですが、その感性は驚く

ほど豊か。同じ花柄でも、どの部分をどの位置に使ったらニュアンスが生まれるか、すべて計算して作っています。そのせいで、同じ生地でも一つとして同じバッグがないのもまた魅力なのです。パトリシアさんは古い布を手にした瞬間、何を作るべきかインスピレーションが湧くそう。ざっくりしたリネン素材のバッグも多く、荷物が多い私にはうってつけ。レトロな花柄は、シンプルなコーディネートの抜群のアクセントになります。

MATERIAL：主にリネン、コットン、ウール、革などのアンティーク生地　　PRICE（参考価格）：¥27300～37800　　※すべて一点物です

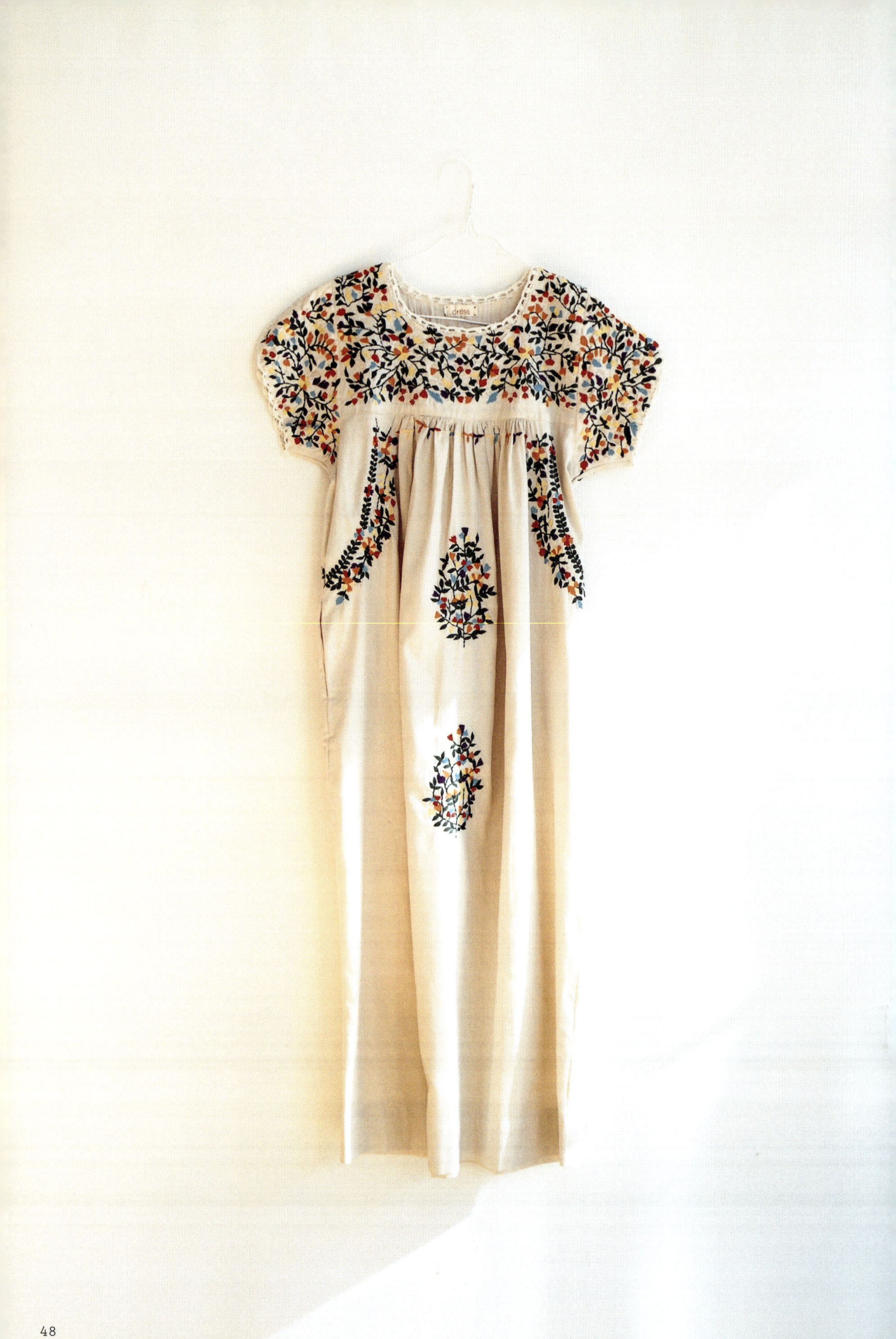

## 刺しゅうの服

　ベトナム、中国、ハンガリー、そしてフランス。旅の途中、それぞれの国で刺しゅうを見る機会が何度もありました。ベトナムでは西陣織の刺しゅうを手がけたこともあるというおばあちゃんの素早い針の動きに見入り、フランスのカンペールに近いポンラベという街では、刺しゅう祭りというとても素敵なイベントに出会ったこともあります。刺しゅうといっても、その種類はとても豊富で、縦糸と横糸を部分的に抜き取るドロンワークでは、汕頭(スワトウ)刺しゅうなどが有名です。また生地に新しい表情を与えるスモッキングやクロスステッチは、自分でもチクチクとできる手軽な刺しゅうではないでしょうか。フランスでは100年ぐらい前まで、女の子は8歳になるとアベセデールという、アルファベットや数字を見本にした刺しゅうの練習があったそうです。そして結婚が決まると、嫁入り道具にイニシャルの刺しゅうをして備えたそう。アンティークの服やクロスについたアルファベットは、その名残なのでしょうね。最近、娘の背がぐーんと伸び、服を共有できるようになったこともあり、休日に一緒に古着屋などを回っています。そんな時、ふたりで必ず「これ、いいね」と一致するのが刺しゅうの服。ふたりともどっぷりエスニックは苦手なのですが、どこかノスタルジックなフォークロア調の服が好き。このワンピースはブティックで購入したイタリアのブランド、forte forte（フォルテ フォルテ）のもの。このようなカラフルな刺しゅうがアクセントの服を見つけると、争うように試着する母娘です。

MATERIAL：コットン100%　PRICE：¥55650
※この服は、現在取り扱いがありません

# Vネックのカーディガン

　服を着る時は、いつも首回りをいかにすっきり美しく見せるかということを考えます。寒い日はタートルを着ることもありますが、基本は首が詰まった服よりも、鎖骨の見える服が好き。Vネックのカーディガンは、そんな私の願いにはまるアイテム。気づいたらこんなに増えていました（笑）。丸衿のカーディガンもありますが、そちらはややかしこまった感じ。どちらかと言えば、パールのネックレスを合わせて上品に着こなすイメージです。Vネックは、インナーにキャミソールを合わせ、第1ボタンをはずして、キャミがほどよく見えるようにカジュアルに着るのが私流。これに40cmの長さのネックレスを合わせると、私的には理想のゴールデントライアングル（笑）。胸もとがとても美しく見えるのです。そんなVネックですが、ボディラインにぴったりするカットソー素材をはじめ、てろんとした質感のリネン、ふっくらウール、柔らかなカシミア、と素材によってすとんと下へ落ちたり、形が崩れずにふわっと着られたり、シルエットも多少違います。ハグ オー ワーでも毎シーズンVネックのカーディガンを作りますが、素材とVのあき具合にはかなりこだわっています。私自身が試着して、肩幅やVのラインを何度も何度も直した末にできたものです。ここに並べたのはほとんどがハグ オー ワーのものですが、中にはアニエス ベーやボンポワンで買ったものも。身につけていてリラックス感もあるから、ついいろいろな色や素材を揃えたくなります。

MATERIAL：ウール／カシミア／リネン／コットン etc.
※すべて、現在取り扱いがありません

51

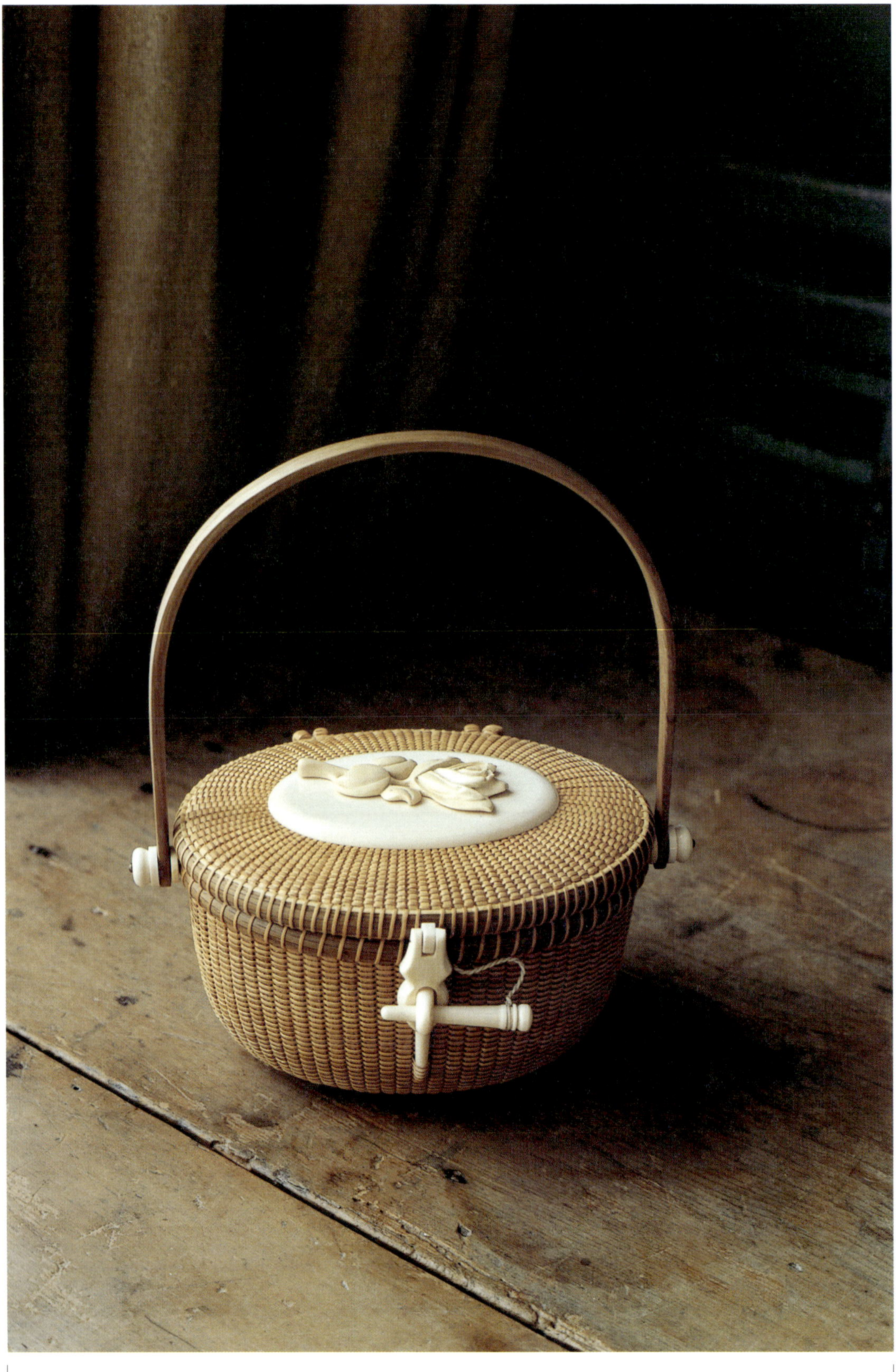

## ナンタケットバスケット

　10年以上前、美しい写真に惹かれて"ジャケ買い"した『Lightship Baskets of Nantucket（ライトシップ バスケッツ オブ ナンタケット）』という1冊の洋書。残念ながら英語の文章は読めず（笑）、ひたすら写真を眺め、そこに並ぶ細い籐で編まれた上品なバスケットを、なんてきれいなんでしょう、と眺めていました。ナンタケットバスケットとは、アメリカの東海岸、ボストンから小さなプロペラ機で1時間ほど飛んだ小さな島、ナンタケット島で生まれたかご。島の周辺は船にとっての難所が多く、「ライトシップ」と呼ばれる灯台船が沖につながれ、そこに常駐した灯台守が慰みにかごを編んだのが始まりと言われています。丸形や楕円に編まれたかごは、チェリーやメープル材の底板がつき、フォッシルアイボリー（マンモスの象牙など）やセイウチの牙などで作られた飾りがついています。"かご界のエルメス"という異名をとるとおり、とてもぜいたくな作り。まるで機械で編んだような精密さが魅力です。4年前、ナンタケット島を訪れる機会に恵まれ、実際の職人さんの作業を目の当たりにしました。ベテランの方でさえ、1年に作れるのは25個前後とか！　それだけに、お値段は飛び上がるほど高価なのですが、一生ものと思って、結婚式やパーティなど、特別な日のバッグとして大切に使っています。

MATERIAL：（本体）オーク／籐　（底板）チェリー／フォッシルアイボリーetc.　PRICE（参考価格）：（蓋なし）¥189000／（蓋付き）¥294000

PRINT：Elysian（エリジアン）
BRAND：ボンポワン

PRINT：Airdrie（エアドリー）
BRAND：ボンポワン

PRINT：Capel（カペル）
BRAND：ハグ オー ワー

PRINT：Glenjade（グレンジェイド）
BRAND：キャシャレル

# リバティプリントの服

　ロンドンで初めてリバティプリントと出会ってから、15年以上がたちましたが、そのころは自分にとってリバティプリントがこれほど身近な存在になるとは思ってもみませんでした。つるっとしたシルクを思わせるタナローン素材のリバティプリントは、とても高価なもので、1m買っては小物に縫いつけ、部分使いを楽しむぐらいしかできなかったのです。それが2006年に、リバティプリントのオリジナル柄を作れる機会をいただき、まさか！という思いでした。数々あるリバティプリントの中で、私が惹かれるのはやっぱり花柄。

PRINT：Betsy（ベッツィ）
BRAND：ハグ オー ワー
PRICE：¥12915

PRINT：Gre&Mori（グレ&モリ）
BRAND：ハグ オー ワー

PRINT：Felicite（フェリシテ）
BRAND：ハグ オー ワー

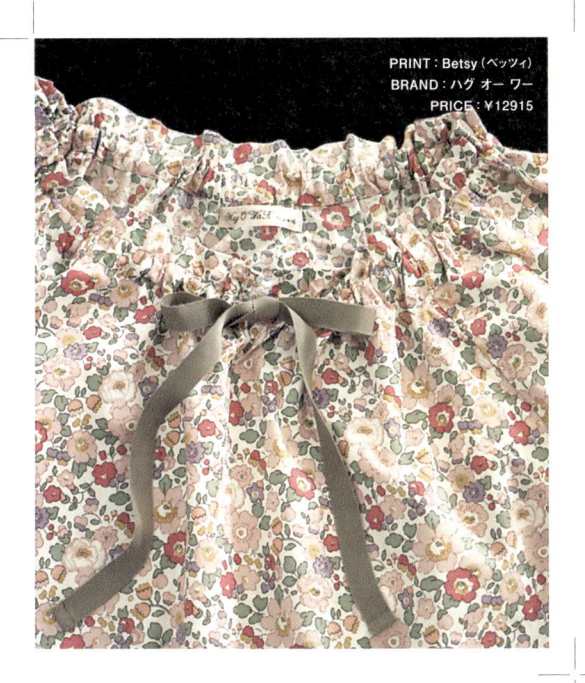

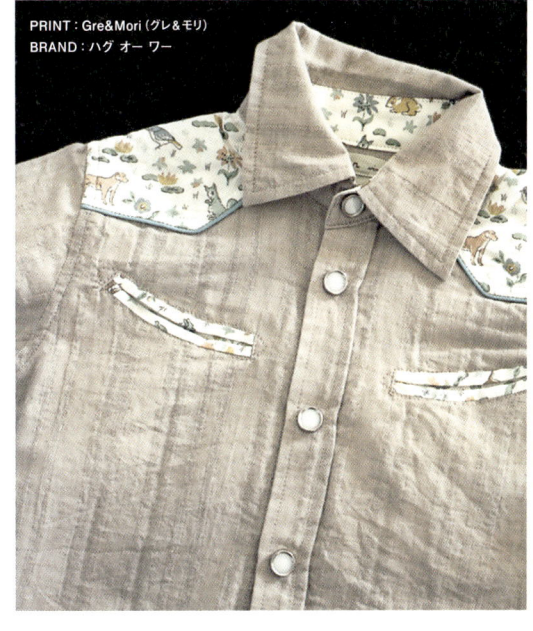

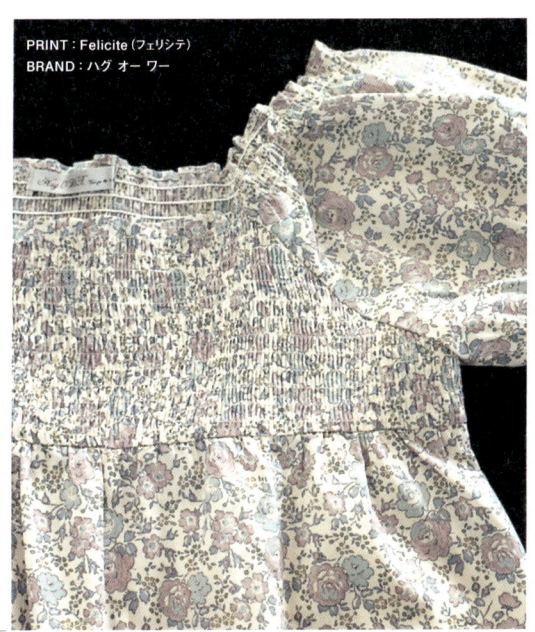

PRINT：Maddsie（マッジィ）
BRAND：ハグ オー ワー（2009年春夏）
PRICE：¥18690

# LIBERTY FABRIC

　ここまで豊富に花柄があるのは、なにより英国リバティ社の130年の伝統と、リサーチの賜物ではないでしょうか。デザイナーたちは、歴史のある美術館や植物園に行ったり、図鑑を調べたり、と一つの柄を作るために、想像もできないほどリサーチを重ねるそうです。時代によって絵のタッチが違ったり、使う色や花のスケールが違ったり、とその時ごとの美意識が反映されています。リバティプリントのアーカイブを眺めるたび、まだまだ可能性が広がり続けるこのブランドに惹かれる自分に気づきます。

※P.55左上と右下のブラウス以外はすべて、現在取り扱いがありません

(P.56) 左のスカートは古着、右はハグ オー ワーのサンプル（色違いでネイビーとブラックの展開あり）　PRICE：¥12075
(P.57) パナマハット　SIZE：S〜XL　PRICE：(上)¥19950／(中央)¥26250／(下)¥19950　※中央のハットは、現在取り扱いがありません

# ドットプリント

　ドットプリントとのお付き合いは、小さいころ飲んでいたカルピスのパッケージが始まりでしょうか。無地に小さな丸という単純な組み合わせですが、ドットの大きさや間隔が変わるだけで、プリントそのものの印象が変わります。私の中ではドットの丸が大きいとモードな印象。逆に小さいドットは清楚で上品な印象です。日ごろ、とても気の強い友人がドットのスカートをはいてくると、どきっとするほど女っぽく感じたものです。私も一時はドットにどっぷりとハマり、ドットファブリックの写真集まで買ったほど。レペット×コム デ ギャルソンのドットのバレエシューズを見つけた時は、即購入しました。ちなみに娘はドットの筆箱を持ち、夫も男性ながらドット柄が好きなようで、彼のブランド、ワコマリアのパナマハットには、なんともおしゃれなドット柄のベルトがついています。わが家全員がハマっているように、ギンガムやストライプと並び、ドットプリントは老若男女問わずに楽しめるプリント柄ではないでしょうか。

MATERIAL：真ちゅう／エナメル／ガラスパール／ガラスビーズ etc.
PRICE（参考価格）：¥3990〜15750
※アクセサリーはすべて、現在取り扱いがありません

## レ ネレイドのアクセサリー

　　フランス生まれのレ ネレイドは、小花、リボンや貝殻、小鳥など、かわいくて小さなモチーフのパーツが連なり、独特の世界を作り出しているアクセサリー。私が大好きなちょっぴりくすんだピンクやパープル系の色みも多く、どこかノスタルジックな印象です。まだ知ってから３年しかたっていませんが、すっかり夢中。お店の近くを通るたび、ついつい覗いてしまいます。最初に買ったのは、TSARINA（サリーナ）というペンダントタイプ。なんと上海のホテルのブティックで偶然見つけました！ Ｖネックカーディガンとキャミソールの組み合わせが少し寂しいなと感じる時、シンプルな白いシャツを身につけた時、レ ネレイドのアクセサリーが一つ加わるだけで、パッと花が咲いたように上品な華やかさがプラスされます。ブローチはカーディガンやニットにとめるだけでなく、ストールやバッグにつけてアクセントにすることも。レ ネレイドはシーズンごとにテーマがいくつもあり、驚くほどバリエーション豊かな新作が登場します。その中から私が選ぶのは、スモーキーな色みや花モチーフのデザイン。私のレ ネレイド熱はすっかり娘にも移り、一緒にショップに行くたびにショーケースに張りついて見ています。でも「あなたはとりあえずヘアピンからね」と抑えめに……。そうそう、中学校入学のお祝いに、梨がモチーフのネックレスをプレゼントしたのですが、とても大切に使っているようです。

## あけびのかご

MATERIAL：あけび　PRICE（参考価格）：¥36750～

　巷ではブームのあけびのかごですが、秋田出身の私には、昔から家にある見慣れたもの。とは言え、そのよさに気づいたのはやはり大人になってからです。実家のテーブルにはいつもあけびのザルが置いてあり、そこには山で取ってきた山菜がのっていたり、花があしらってあったり……。でも若いころは特に見向きもせず、年齢を重ね、家庭を持つようになってから、改めて昔からのもの、和のものに目がいくようになりました。ある日、雑貨屋さんであけびのかごに出会った時「あ、母が使っていたかごだ！」と懐かしさと新鮮さを感じ、一つ購入。やっぱりいいな、と少しずつ形が違うものが増えていきました。右の2つは地元横手で買った作家物で、左の3つは表参道のQUICOで見つけたもの。あけびのかごは、蔓を1週間ほど天日干しにして、その後何日か水に漬けて柔らかくしてから編むので、目がギュッと詰まっていてとても丈夫です。重い荷物を持つ私にとっては、日常使いのバッグとして大活躍。またワンピースや着物に合わせてもかわいく、ハンカチを目隠し代わりにかぶせたり、巾着袋に荷物を詰めて、すとんとかごに入れたりして使っています。

## サイザルのかご

MATERIAL：サイザル麻　PRICE（参考価格）：¥3900〜9500

　自称かご好きではありますが、かごはコンパクトにたためないので、旅行には不向きだと思っていました。でも唯一、旅先に小さくたたんで持っていけるかごを発見！ それがサイザル麻のかごです。サイザル麻は主にケニアで生産され、地元の女性たちが手編みして、一つの産業として成り立っています。最初は写真中央の生成りをマーガレット・ハウエルで、ブラウンをロンドンのオーガニックショップで見つけました。ほかのものは原宿のZakkaのかご展で買ったり、と少しずつ増えたものです。色も形も豊富、そしてお値段も手ごろ。いろいろなファッションとのコーディネートが楽しく、かなりの数になってしまいました……。そして柔軟性もなによりの魅力。旅先にはもちろん、仕事帰り、大量のスーパーの袋とともに、その形を変化させながら上手に自転車のかごに収まってくれます。サイザル麻はロープや飼料用の麻袋などにも使われるとあって、とても丈夫。最近は愛犬トイプードルの"もぐら"の移動用バッグとしても大活躍しています。

MATERIAL：メリノウール100%　PRICE（参考価格）：¥27300

# ジョン スメドレーのニット

　ハグ オー ワーのカタログ撮影で、何度もロンドンを訪れているうちに、現地の友人たちから少しずつ英国の伝統的なブランドを教えてもらいました。その一つがジョン スメドレーのファインゲージニットです。30ゲージの超軽量な細かい編み目のニットで、肌に吸いつくように柔らかく、いつも素肌に着てその感触も楽しんでいます。私が大好きなVネックのデザインも多く、なによりファインゲージ特有の上品さと色の豊富さが好みです。創業は今から220年以上前で、初代ジョン・スメドレーとピーター・ナイチンゲール（あのクリミアの天使、ナイチンゲールの叔父さんとか！）という、ふたりの男性の共同経営で、その歴史が始まったそう。春夏物にはシーアイランド・コットン、秋冬物はニュージーランド・メリノウール、とどちらも厳選した最高品質の素材を使っています。5年前に220周年を記念して、アーカイブから設立当時のデザインを復刻させたニット（下写真中央）が発売されました。今の時代にも決して古くさく見えないそのデザインやパッケージに、改めてスメドレーの揺るぎない歴史を感じました。

# 2

暮らしの雑貨と道具

## ずっと使ってきたもの

　ファッション同様、生活の中での定番品を眺めていると、やはりそこには「シンプル」というキーワードが浮かんできます。頑張り過ぎてないデザイン。カッコつけず、素朴なもの。それはシルエットであり、色であり、機能性もそう。例えば鍋、グラス、ケトルなどのキッチン道具。タオルやソファなど、リラックスタイムに使うもの。どれも削ぎ落とされたようなベーシックなフォルムでありながら、使い勝手は十分満足できる機能性も兼ね備えています。シンプルだからこそ、キッチンで毎日使っていても飽きない。シンプルだからこそ、ファブリックで遊べる楽しさもある。しかも長年使っていても、その持ち味は変わりません。そんな理由で選ばれ、長年連れ添ってくれたものたち。これからも、たとえその姿が古くなっても、私のそばにいるであろう、愛着のあるいいヤツばかりです。

PRODUCT :
(P.66) ソースパン・ウッドハンドル
(P.67左から) ココット・ロンド／ココット・オーバル／ココット・パンプキン
MATERIAL :
鋳物ホウロウ
SIZE :
(P.66) 口径20cm×高さ8cm
(P.67左から) 口径24cm×高さ10cm／口径23cm×高さ10cm／口径20cm×高さ9cm
※鍋はすべて、現在取り扱いがありません

## ル・クルーゼの鍋

　今や一家に1台と言えそうなメジャー感のあるル・クルーゼの鍋。私もずっと憧れていて、最初の一つ目を買う時は、何色にしようか、かなり悩みました。悩んだ末に選んだのは、料理がおいしそうに見えるオレンジのココット・オーバル。そしてすぐ、ココット・ロンドのマスタード色のディジョンイエローも買いました。ル・クルーゼはフランス北部の小さな街で生まれた鋳物ホウロウ鍋です。一つ一つが手作りで、鋳物にガラス質のエナメルを焼きつけて作られます。熱伝導がよく、耐久性に優れ、保温力もあるので、わが家ではごはんを炊くこともあれば、シチューや煮物、スープを作る時など大活躍。料理によってどの鍋を使うかというより「今日はコンロがふさがっているから、小さめのロンドで」とか「スペアリブはお鍋ごとテーブルにサーブしたいから、おしゃれなオーバルで」といった使い方。ぐつぐつと煮込み、最後にオーブンへ……という時も、そのまま入れられるので、本当に重宝しています。重いのが難点ですが、フライパンのように振るわけでもないので、それも我慢の範囲。左の写真はヨーロッパのノミの市で見つけた木の持ち手がかわいい、ソースパンのアンティーク。そしてラベンダー色のロンドは、英国のインテリア雑誌で見つけ、ロンドンの友人に頼んで購入してもらった「ラベンダーキャンペーン」での限定色。チョコレート色のオーバルと、オレンジのパンプキンは知人からプレゼントされたものです。機能的なプロユースのキッチンウエアはたくさんありますが、そこにデザインのよさも加わったル・クルーゼは、疲れた日でも料理意欲をかき立ててくれる貴重な一品です。

ラベンダーキャンペーン……2006年、英国で「ラベンダー・トラスト・アット・ブレスト・キャンサー・ケア」という若い女性の乳がんを支援する団体に、ル・クルーゼのラベンダーの鍋が1個売れると5ポンドを寄付しました

PRODUCT：(P.69左から4つ目まで) ピカルディ
(P.69一番右) ショップユニ
MATERIAL：全面物理 (耐熱) 強化ガラス
SIZE：(P.69左から)
容量360cc 口径8.8cm×高さ12.4cm
容量310cc 口径9cm×高さ9.4cm
容量220cc 口径8cm×高さ8.4cm
容量130cc 口径6.9cm×高さ7.2cm
容量200cc 口径6.55cm×高さ10cm
PRICE：(P.69左から) ¥660 ／¥430／¥340／¥250／¥330

# デュラレックスのグラス

　実家にいる時は、身の回りのものはすべて母親任せ。それが東京に出てきて一人暮らしを始めることになり、さあ、何を揃えよう！と緊張する反面、ワクワクしたものです。そして最初に買ったのが、このデュラレックスのグラスです。フランスの企業『デュラレックスインターナショナルSAS』が作る業務用の食器。購入したのはもちろん広尾のF.O.B COOPです。学生時代、渋谷にお気に入りのカフェがあり、足繁く通っていたのですが、そこではドリンクがすべてデュラレックスでサーブされていました。しかもテーブルには、ミニサイズのグラスにミントの葉や小花をさりげなく飾っていて、こういう使い方もあるんだと感心。早速ミニサイズを買って、家で花を飾ったのを覚えています。デュラレックスの中で最もメジャーなシリーズが、私もたくさん持っているピカルディ。小さいものでは90cc、大きいものだと500ccまで8種類ぐらいのサイズ違いがあります。さすが業務用だけあって素材は耐熱強化ガラス。100℃〜ー25℃まで対応するそうです。私も時に熱いお茶を注ぎ、また冷たいアイスを入れたりしますが、どちらも問題なし。しかもこのグラスたち、過去に何度か床に落としてしまったことがありますが、いまだに一つも割れていません。食洗機にも電子レンジにも使えるので、気負うことなく日常使いできる、本当の意味での万能グラスだと思います。

※ブレンダーは、現在生産されていません

## オスタライザーのブレンダー

　23歳で結婚し、その相手が当時現役のサッカー選手。かなりの偏食なので（今も変わらず）、自分が何かしてあげられることはないかと考えた末、毎朝消化がよく起き抜けでも飲みやすいバナナジュースを作ろうと購入したのが、オスタライザーのブレンダーでした。小さなボタンが8つも並び「CHOP」「BLEND」「WHIP」などと書いてあるさまがとてもかわいく、おしゃれです。一番左の黒いボタンでハイとローに切り替えれば、16種類ものブレンドが可能。でも、このボタンを使い分けするほど活用できず（笑）、もっぱらバナナジュース用。毎朝バナナと牛乳、少量の氷を入れて「ICE CRUSH」のボタンを押して、がーっと回すだけです。甘味が足りない時は、ハチミツもプラスします。ゆららが生まれてから、ますますバナナジュースの頻度が増えました。ちなみにわが家では、私とゆららは熟したバナナが大好き。一方、夫だけが甘くない青いバナナを好むのですが、私たちには「なぜ、甘くないバナナなの？」と、まったく理解不能です（笑）。ボタンの下が欠けてしまったし、かなり年季が入っていますが、いまだ現役でちゃんと働いています。ジャーはプラスチック製がメジャーだったようですが、私が持っているのはガラス製でずっしりと重いタイプ。正面から見ると顔がかくかくと四角で、ボタンやジャーのキャップも四角。この角張った雰囲気がなんともレトロです。もうかれこれ10年選手ですが、使い勝手には問題がないので、これからもキッチンの定番品として、でーんと鎮座しそうなブレンダーです。

PRODUCT：無撚糸タオル／ワッフルタオル
MATERIAL：綿100%
SIZE：
（無撚糸ウォッシュタオル）38cm×35cm
（無撚糸フェイスタオル）80cm×35cm
（無撚糸バスタオル）120cm×63cm
（大ワッフルウォッシュタオル）44cm×43cm
（大ワッフルフェイスタオル）80cm×43cm
（大ワッフルバスタオル）135cm×64cm
PRICE：¥525〜2415

# ハグ オー ワーのタオル

　1999年、自由が丘にハグ オー ワーの1号店がオープンし、その4年後には2号店がオープン。スペースも広くなり、もっと暮らし回りのものを提案したいと思うようになりました。その中の一つが素材感にこだわったタオルです。色はシンプルな白が一番だと思い、使い心地を考えて素材違いを3種作りました。ワッフル、裏ガーゼ、そして無撚糸素材。まず無撚糸素材の愛称はふわふわタオル。このふわふわはリピート率がとても高い商品で、実は海外在住の友人にも大人気。海外のタオルは洗っているうちに、どんどんゴワついてしまうそうで、このふわふわ感が持続するのがたまらないとか。無撚糸は繊維をよじることなく織り上げるので、繊維の間にたくさんの隙間ができます。ここに空気を含むことで、あの独特のふわふわ感が出るのです。水気をたっぷり吸収するから、体をぱんぱんと叩くようにふくだけで十分。うちの家族もふわふわタオルが一番のお気に入りです。一方、裏ガーゼは薄手で肌触りがよく、デリケートな赤ちゃんの肌に安心して使えるので、私は出産祝いによくこのタオルを贈っています。おしゃれ感が高いワッフルタオルは吸水性が抜群。あれほどふわふわしたタオルを抱き締めていた娘も、徐々にワッフル派に移行しつつあります。でも眠る時に枕にかけたりするのは厳禁!? 顔にワッフルの跡がついちゃうことも（笑）。もともとハグ オー ワーで扱っていた商品でしたが、今後はクロス＆クロスショップで扱うことになりました。

MATERIAL：天然秋田杉
SIZE：(左上から時計回りに)
縦23cm×横8.5cm×高さ5.5cm
φ13.5cm×高さ10.5cm
縦21cm×横13cm×高さ6cm
φ13cm×縦7cm
PRICE：(左上から時計回りに)
¥9450 ／¥12600 ／¥9240 ／¥7350

## 柴田慶信さんの曲げわっぱ

　あけびのかご同様、曲げわっぱも昔から家の中にあった見慣れたものの一つ。でも私が改めて意識したのは、姉の結婚式の引き出物に、曲げわっぱが選ばれた時でしょうか。実家では漬け物を入れる器であったり、お菓子を入れてお客さんに出すための器だったり。それが結婚後、自分でも使うようになって初めて、これほどまでに優れたものだと知りました。曲げわっぱが有名なのは、秋田県大館市。大館の曲げわっぱは、1980年に国から伝統的工芸品の指定を受けています。その歴史は奈良時代にさかのぼり、山で木こりとして働いていた人々が杉の生木を曲げ、桜の樹皮でとめた弁当箱を使ったことが始まり。大館でも樹齢200年を超えた秋田杉が使われています。まず秋田杉の柾目を薄くひき、それを煮沸して柔らかくし、曲げて輪を作り、桜の樹皮で縫いとめるのです。杉の木には殺菌効果があるので、食べ物が傷みにくく、杉の木が適度にごはんの湿気を吸うので、ごはんの湿気が蓋の裏で水滴になり、食べる時にびしょびしょ、なんてことはありません。お弁当生活の娘いわく、ほんのり杉の香りがするごはんは冷めてもおいしいとのことです。写真の曲げわっぱは、すべて大館に工房を持つ柴田慶信さんのもの。以前、工房を訪ねた時、一緒に行った当時8歳だった娘に、子供用の曲げわっぱをプレゼントしていただきました。この時、息子の昌正さんに10年使ったお弁当箱を見せてもらいましたが、杉の色が長い年月で深みを増し、蓋の裏にはどうやら梅干しのシミ。こんなふうに自分だけの歴史がお弁当箱に移りゆくのも、曲げわっぱの魅力だなと感じました。

(P.77) PRODUCT：オパール　MATERIAL：(本体) 真ちゅうクロムメッキ　(中瓶) ガラス　SIZE：φ13cm×高さ24.5cm　PRICE：¥31500　※籐タイプは、現在取り扱いがありません

## アルフィーのポット

　朝、起きると母が湯気の向こうでヤカンから魔法瓶にお湯を注いでいた姿を思い出します。寸胴なシルエットと、注ぎ口が長い鼻に見える魔法瓶を見て、子供心ながら「もう少し形のいいものはないのかな」と考えていました。親に倣ってお茶好きになった私は、家にいる時など、1日に何度も何度もお湯を沸かすはめになります。いちいち面倒と思い、おしゃれな魔法瓶はないものかと探したところ、やっと見つけたのがアルフィーのオパール（写真下）。ポットはキッチンというより、テーブルの上に置いておくことが多いので、機能性も必要ですが、なによりインテリアに合うものを、と思っていました。アルフィーはドイツの真空保温ポット専門メーカーのものだけに、機能性も兼ね備えたスタイリッシュなデザイン。どんな空間にも似合います。保温力も70℃以上で10時間、55℃以上で24時間というから大満足。中瓶は真空二重のガラス瓶ですが、うっかり割ってしまっても、交換が可能なので安心です。そして、そんなモダンなカッコよさと機能を備えたアルフィーに、私の好きなかごのテイストが加わった籐タイプ（写真左）を見つけ、思わず2個目として購入。わが家で撮影をする時は、一度にたっぷりのお茶をこのポットたちに入れ替えておけば、皆セルフサービスでお茶を注ぐことができます。そして「やっぱりアルフィーっていいね」という声が聞こえると、思わずニンマリです。

若いころからインテリア好きの私が、買いたくても最後の最後まで買えない家具が一つありました。それがソファです。一人暮らしの部屋には大き過ぎるし、お値段も高過ぎる。結婚して、やっとある程度のリビングスペースを確保し、これでソファが買える！と勇んで買ったのが、ミッドセンチュリー調のグリーンのソファ。しかしデザインが個性的で、カバーが洗濯できない難点があり、すぐにダメになってしまいました。その後、今から10年ほど前に購入したのがザ・コンランショップのソファです。これはテレンス・コンランがデザインしたオリジナルで、フォルムはシンプルですが、奥行きがたっぷりある、とてもくつろげるデザイン。この時はリビングの広さに合わせて2人掛けを購入したのですが、玄関か

# THE CONRAN SHOP

ザ・コンランショップのソファ

ら入らず、クレーンで吊り上げて搬入したのを覚えています。あまりの座り心地のよさに、夫と娘はすぐ寝るし、犬も乗りたがって、いつも場所の取り合いでした（笑）。カバーにはシンプルで素材感が好きな麻を選びました。でも、うちは犬が座るので洗う頻度もかなりです。その結果、どんどん生地が縮んでしまい、ファスナーが閉まらない状態に。そこでソファの張り替えをしたことをきっかけに、カバーを新調。前の失敗を踏まえ、麻に近いベージュのコットンタイプを選び、サイズも少し大きめを特別にオーダーしました。5年前にはさらに引っ越しを機に写真の3人掛けも購入。ベースがシンプルなので、時には派手なブランケットやクッションカバーを合わせたりして遊んでいます。

PRODUCT：WISLOW 3SEATER SOFA　SIZE：W210cm×D110cm×H75cm・SH48cm　PRICE：¥483000（本体のみ・ファブリック別）

MATERIAL：(本体)銅　(表面)硬質クロームメッキ　SIZE：2.5ℓ　PRICE：¥23100

# シンプレックスのケトル

　朝、起きてまず最初に手に持つのがこのケトル。お湯が沸き、ピーッと鳴る音を聞くころ、私の頭もお弁当作りでフル回転します。これは10年以上も前、日本にあったアメリカ系のキッチンツールの店、ウィリアムズ・ソノマで見つけました。シンプルなのに、どこかレトロなフォルムがいいな、と思わず手に取りました。買ってから知ったのですが、シンプレックスは英国、バーミンガムに工場を持つケトル専門のメーカーだそう。150年以上、ケトルの製造に専念しているブランドだけあって、英国ではおいしい紅茶を入れるための理想的なケトル"ティーケトル"として高い評価を得ています。おいしい紅茶を入れるためには、時間をかけず、素早く沸かしたお湯が適しているそうで、その点、シンプレックスは熱効率が高い銅製。そして私の好きな細い注ぎ口で、流量とスピードがコントロールされるので、ティーポットに的確にお湯を注ぎ、高い温度のまま、紅茶を入れられる構造なのだそうです。また、液だれしにくいのも使っていて便利だなと思います。そしてこれは小さい子供を持つ主婦の方なら「そうそう」とうなずかれると思いますが、意外に侮れないのがピーッと鳴る笛の機能。娘が小さい時は、特にお湯をかけたまま忘れて、子供や家事にかかわることがしばしば。そんな時、何度この笛の音に救われたことか！ 底がフラットなケトルですが、コイルタイプのものもあり、こちらはさらにお湯が沸くのが早いそう。どちらも甲乙つけがたいグッドルッキングなヤカンです。

## 頼りにしているもの

　生活の中で使うものは、機能性を兼ね備えていないと頼りになりません。どんなにかわいくても、使い勝手が悪くてはストレスになりますから。さらに私の場合、そこにもう一つ"心がやすらぐもの"という大切なキーワードも加わります。だからでしょうか？　家の中をぐるりと見渡すと、大量生産されたものより、手仕事の香りがするものが多い気がします。素材で言えば、プラスチックより木。磁器より陶器。私は使っていくうちに表情が変わるものが大好きです。ツヤや色の深みが増していく木の家具や道具。それらは、日々の生活になじんでいき、育てていく楽しみもあります。たとえ壊れたり欠けたりしても捨てることができません。毎日触れ、毎日使い、毎日そばにいるもの。頼れる存在であると同時に、私にとっては癒やしの存在でもあるのです。

## 気泡のガラス

ARTIST：荒川尚也　MATERIAL：ガラス　SIZE：φ8.5cm×高さ6.5cm　PRICE：¥2520

　妊娠6カ月までモデルの仕事を続けていましたが、さすがに出産前後とゆららが小さかったころは小休止。そのころの興味はファッションから少しずつ暮らし回りのものへと移り、雑貨屋巡りを楽しむようになりました。そして原宿の、当時はまだ取り壊し前の同潤会アパートの中にあったファーマーズテーブルで、荒川尚也さんの宙吹きガラスと出会ったのです。宙吹き技法とは、型を使わず、硅砂、ソーダ、石灰などを混ぜた原料を1000℃以上のるつぼの中で溶かし、パイプでそのガラスの素地を巻き取り、息を吹き込んで、ガラス自体の動きと人の技で成形するものだそう。だから一つ一つの形が微妙に違い、独特の気泡が生まれます。このそば猪口も平べったい形が愛らしく、気泡がなんとも涼しげ。私は冷たくした緑茶を注いだり、そうめんやアイスクリームを食べる時に使います。見た目が涼しいので、出番はやはり暑い夏。母も姉も荒川さんのガラス器のファンなので、それぞれの家でこの器が出てくると、女3人、しばし器談議に花が咲きます。

# 湯のみ茶碗

　器屋さんには、独特の静寂感があります。そんな空間が大好きで、忙しい時に限って、頭を整理したくてふらっと立ち寄ることもしばしば。緊張して店の門をくぐり、静かに器を眺め、気がつくと、手のひらにしっくりくる湯のみ茶碗を握り締めている私がいます（笑）。今ではさまざまな湯のみが集まりました。でもよくよく見ると私が選んでくるものは、ほとんどがそば猪口タイプ!? 色と形はバラバラですが、お茶を注いでテーブルに並べると、なんだか不思議な統一感が生まれます。手前右は伊藤聡信さんの骨董のような味わいのある白磁。手前左は村木雄児さんの唐津焼。どちらも土っぽくて温かい質感ですが、口当たりは薄くて抜群。お客様も「私、白がいい」「この黒いのは誰の作品？」と思い思いの器を手に取って、楽しんでいただいているようです。そして私からお茶を配る時には、その日の気分や、相手のイメージで器を選ぶようにしています。

ARTIST：(手前左)村木雄児　(手前右)伊藤聡信　(中央左)阿久津真希　(中央右)岡田直人　(奥左)花岡 隆　(奥右)阿久津真希

# 水牛のスプーン

MATERIAL：水牛の角　SIZE：長さ約8〜17cm　PRICE（参考価格）：¥578〜945

　5年ほど前、ベトナムを訪ねた時、水牛の角で作ったスプーンをたくさん買ってきました。熱いスープをいただく時、また冷たいアイスクリームを食べる時、食べ物そのものより、スプーンの熱さ、冷たさに驚いたことがあるかと思います。それが水牛のスプーンだと、温度の影響をあまり受けず、しかも舌ざわりが驚くほどなめらかなのです。それまで子供の食事などには、木のスプーンを使っていましたが、水牛のつるっとした感触には勝てません。ごはんがパラパラしたチャーハン、ごはんをカレーに絡めながら食べる時も、けっこう重宝しています。なにより軽くて、食べやすいカーブなのが利点。小さなサイズは、調味料のスプーンにも使いやすい。その反面、流しで水に漬けたままにしておくと、多少形が変わってしまうことがあるのでご注意を。私はこの水牛のスプーンで、冷たいアイスクリームをすくって食べるのが大好き。ビジュアル的にもガラスやアイスクリームに似合うと思いませんか？

# 漆のスプーン

MATERIAL：天然木　SIZE：長さ (小) 14.5cm ／ (大) 16cm　PRICE：(小) ¥5000 ／ (大) ¥10500

　水牛のスプーン同様、私の目というよりは、舌が選んだカトラリーの一つです。お値段的には、水牛より高級 (笑) バージョン。1年前、初めて金沢を訪れた時、『遊くらふと』というギャラリーで、輪島塗のお話を聞きました。オーナーの「漆は本当に舌ざわりがいいですよ」との言葉にスプーンの表面を指で触ってみたところ、あら、なめらか……。実際に買って使ってみたら、水牛と同じように熱さも冷たさもあまり感じさせず、しかもなんだかしっとりした感触。これは漆に保湿性があるからだそうです。そのせいでしょうか、スープの時は水牛よりも断然漆。また漆には目で楽しむという特徴もあります。お正月に、またひな祭りに、和の装いを食卓に感じさせたい時、漆のスプーンや漆の二の膳が大活躍。漆器と言うとケアが大変そうで敬遠しがちですが、使ったら漬け置きせずにすぐに洗い、布でふいておくだけ。慣れてしまえばさほど面倒に感じません。漆をかしこまらずに使う、それがわが家流です。

## 有次の料理道具

PRODUCT：(左) 平常一品ツバ付ペティナイフ ／ (右) 平常一品ツバ付三徳牛刀
MATERIAL：鋼　ステンレス
SIZE：(左) 15cm ／ (右) 18cm
PRICE：(左) ¥9240 ／ (右) ¥13125

PRODUCT：アルミ製ゆきひら鍋
MATERIAL：アルミ
SIZE：(大) 21cm ／ (小) 15cm
PRICE：(大) ¥6825 ／ (小) ¥4200

### 庖丁

　有次は京の台所、錦市場に店を構える老舗の庖丁屋。国内外の一流の料理人からも信頼されています。最初に買ったのはやはり庖丁。何本か購入しましたが、一番使うのがペティナイフです。握りやすく、長時間皮をむいていても手が疲れず、切れ味も抜群。野菜、果物だけでなく、肉も十分に切れます。牛刀は肉のスライスや大きなキャベツをざくっと切る時などに便利。どちらもたまに砥石で研ぎ、大切に使っています。

### ゆきひら鍋

　娘のお弁当作りが始まり、活躍の場を広げたのがアルミ製のゆきひら鍋。職人さんが金槌で一つ一つ叩き締めているので、とても丈夫です。小さい鍋は卵をゆでたり、お弁当用の1人前の料理を作る時に便利。大きいほうは主に味噌汁用として。軽くて使い勝手がいいところや、重ねて収納できるのもポイント。あまりによく使うので、さらに熱伝導がいい銅製のゆきひら鍋も追加しました。

PRODUCT：木蓋
MATERIAL：スプルース
SIZE：14cm〜
PRICE：¥420〜

PRODUCT：(左) 銅製卸し金ミニ／(右) 比叡卸し
MATERIAL：(左) 銅／(右) 竹
PRICE：(左) ¥2100 ／(右) ¥735

## 落とし蓋

　煮物や煮魚は私自身が好きだし、作り置きしてお弁当のおかずにもなることから、かなりの頻度で作っています。そんな時に必須の落とし蓋。有次の木蓋は14cm、15cm、16cm、18cm、20cmとサイズが豊富で、私は大きいゆきひら鍋に合わせ、18cmの木蓋を持っています。少ない煮汁をまんべんなく素材に回し、煮汁の蒸発を防ぐのが落とし蓋の役目。アルミホイルやキッチンペーパーよりも、木蓋のほうが断然煮くずれが少ないのです。

## 卸し金

　ミニサイズの卸し金は、柚子の皮、わさび、しょうがなど、少量を卸すのに便利です。「卸し目についたものも、比叡卸し（竹の刷毛）で落とせばムダなく使えるし、料理の上にまんべんなく散らすことができますよ」と店長の武田さん。そしてなにより有次の卸し金で大根をすり卸すと、繊維と水分が分離せずにふんわりとした卸しができるのです。便利な卸し金は、いくつかサイズを揃えて、材料に合わせて使い分けています。

# 白いピッチャー

PRODUCT：
(上中央、一番左) アスティエ ド ヴィラット
その他はすべてアンティーク
SIZE：(左上から時計回りに)
入れ口φ11cm×高さ24cm／入れ口φ14cm×高さ20cm (アスティエ)
入れ口φ14cm×20cm／入れ口φ9cm×17cm
入れ口φ6.5cm×高さ10cm／入れ口φ7.5cm×高さ11cm
入れ口φ6.5cm×高さ18.5cm (アスティエ)
PRICE：(上中央) ¥33600／(一番左) ¥25725

　形を眺めては、どんな花が飾れるかなと想像がふくらみ、こんなにも集まったわが家のピッチャー。本来の機能である水差しとしてより、もっぱら花器として使っています。「インテリアは白から」と言われるように、支える器がガラスか白だと、さまざまな色の花に対応できると思います。そして花の種類や形、高さ、ボリュームを考え、ピッチャーも小さいもの、大きいもの、とバランスを合わせるのが、楽しいのです。右上のホウロウのピッチャーには、水をあまり必要としない蘭の鉢などを入れることも。スッと伸びた高さのある花は、アスティエ ド ヴィラットの口の狭いピッチャーに。また同じアスティエでも、口の広いタイプには、花も葉も一緒に飾るボリューム感のある飾り方ができます。庭から切ってきた小花を飾る時は、手前の小さなピッチャーにさりげなく1本、2本……。素材もホウロウ、陶器（写真には写っていませんが）、磁器もあり、その質感の違いで同じ白でも印象が変わるのがまた新鮮に感じられます。

## アピルコの水切り

PRODUCT：アピルコ フレッシュ チーズ トレーナー
MATERIAL：半磁器
SIZE：縦18cm×高さ6cm
PRICE：¥5040

　アピルコはフランスの業務用磁器メーカーの老舗です。フランスのカフェでのコーヒーカップはもちろん、日本でもアピルコの器を使っているカフェをよく見かけます。電子レンジ、食洗機OKの使いやすさ、そしてなによりデザインがシンプルで、過不足のないアイテムが揃っているのが人気のようです。私がある日見つけたのは、アピルコでは珍しいハート型の水切りでした。それはアピルコの中でも「CULINAIRE（クリネール）」というシリーズのアイテムだそう。業務用なのに、こんな形のアイテムもあったんだ！　と意外に感じて大・小購入。ふだんはハートなどラブリーな形にはあまり惹かれないのですが、真っ白なせいか、大人っぽく感じたのです。本来はフレッシュチーズの水切りにどうぞ、とのことですが、私はいちごやぶどうを水洗いしたまま、この器にのせ、下にソーサーを添えてサーブします。そうすれば自然に水が切れ、フルーツもフレッシュな感じ。また小さいサイズには、ソープをのせて、洗面所に。これも洗うたびに水が切れ、しかも清潔感があるので気に入ってます。

シュウ ウエムラのバスオ

PRODUCT：(写真上) HINOKI　(写真下左から) YUZU／SHOBU／SAKURA　SIZE：200㎖　PRICE：¥3990

　1日が終わり、お風呂につかって体の緊張を解放させる時間がとても好きです。そんな時、シュウ ウエムラのバスオイルがあれば香りの効果でなおリラックス。プレゼントにいただいたヒノキの香りを初めてお湯にたらした途端、なんだか妙に落ち着く心。なんだろう？と考えたところ、実家のお風呂の香りだったんです。実家はヒノキの浴槽でしたが、子供のころはその価値もわからず、これがうちのお風呂の香りと思っていました。今までもいくつかヒノキの香りの入浴剤を使ったことはありますが、ここまで本格的な香りは初めて。カミツレエキス配合のおかげで、お風呂上がりの肌もしっとりです。実はこのバスオイル、あのシャネルのデザイナー、カール・ラガーフェルドも大ファンだとか。過去に発売したものに惚れ「ぜひ、もう一度発売して」と、彼をはじめとする世界中のリクエストに応え、無事に復活したとか。カール様のおかげで、私もヒノキのお風呂を満喫！ その後は、柚子や菖蒲の香りも買い足し、その日の気分で日替わり温泉を楽しんでいます。

## コテ バスティッドのバスマット

　南フランス、エクス・アン・プロヴァンスに近い、ルールマランに本店を持つコテ バスティッド。デザイナー、ニコル・ウークが少女時代、祖父母の家で目にした伝統的な品々からインスピレーションを得て、フレグランスから家具に至るまで幅広い製品に投影したインテリア雑貨店です。一人暮らしをしていたころ、バスルームに大きなバスマットを敷くのに憧れていました。ここのバスマットがまさにその理想で、コットン糸をざっくりと編み、その縁をコットン地でパイピング。素朴で温かみのあるマットは、びちょびちょのままお風呂から上がっても、濡れた足の水気を素早く吸収してくれます。コットン糸に厚みがあるせいか、とても踏みがいのあるマットです。ルールマランのお店を何度か訪ね、ニコルさんにお会いしたことも。昔の馬小屋を利用したショップには、そこかしこにニコルさんの気配りが感じられ、ゆったりとした時間が流れるコテ バスティッドの世界が表現されています。

MATERIAL：綿100%
SIZE：縦60cm×横95cm
PRICE：¥12600

## オン フィル ダンディエンヌの ブランケット

　このブランケットを初めて見つけた時、日本では考えられない色彩感覚に衝撃を受けました。また手仕事風の細かいパッチワークや、どこかエスニックの香りがするさまざまなディテール。それもそのはず、オン フィル ダンディエンヌはフランスのホームリネンのメーカーで、製品はインドの職人さんの手仕事でていねいに仕上げられているそうです。中にはビンテージクロスをパッチワークしたものもありました。左のブランケットは花柄とドット柄のリバーシブル。右の花柄とともに、どちらもサイズが大きく、冬はソファやベッドのカバー代わりに使用しています。また、モチーフが大きいので、上にかけるとソファの印象がガラッと変わるのもうれしい（P.79参照）。でも夫も娘もそのふわっとしたブランケットの上にいると、どうにも眠くなるみたいです。ついでに犬2匹もそこでよく昼寝をしています。そんなこんなでせっかくの素敵な柄が、まったく見えないんですけど……。

PRODUCT：（右上から時計回りに）
キルトクッション コサージュ　キルトカバー フラワー　パッチワーク・キルト　ジュエルビーズクッション
MATERIAL：綿
SIZE：（右上から時計回りに）45cm×30cm　180cm×250cm　180cm×250cm　30cm×30cm
PRICE：¥11150　¥60900　¥60900　¥9450

# テンピュールの枕

PRODUCT：オリジナルネックピロー
SIZE：Jr／XS／S／M／L
PRICE（参考価格）：¥9240〜15750
※この枕は旧タイプです

　一大ブームを起こしたテンピュールの枕ですが、もともと流行を先取りするタイプではない私。さんざん友だちからその使い心地を聞き、お店でも実際に何度も触ってみて、やっとのこと5年ほど前に買った次第です。この枕は、1970年にNASAでその原型が開発され、福祉の国、スウェーデンで生まれたテンピュール素材が特徴。体温と体圧に反応して形が変化し、一点に圧力がかからないよう分散するテンピュール素材は、今や枕だけでなく、マットレス、椅子、クッション、そして飛行機のファーストクラスにまで導入されているとか。枕の高さの好みは人それぞれですが、実は私は高い派。旅館の羽毛枕などは、2個重ねて使うこともあるほど。だから初めてこの枕を見た時は、「こんな低くては、きっと眠れない！」と思いました。でも一度試してみようと、頭をのせたところ、じわっと沈み込んでいく感じがたまらなく、今ではすっかり虜に。でも眠っていると、横から夫や娘がいつの間にかこの枕を無意識に奪うのです……。仕方がないので夫と娘にも買い、せっかくなので両親にもプレゼントしました。

メイソンピアソンのブラシ

PRODUCT：(左) ハンディブリッスル ／ (右) チャイルドブリッスル
MATERIAL：猪毛100%
PRICE：(左) ¥16800／(右) ¥8925

メイソンピアソンはパリでも人気で、ドラッグストアにはこんなディスプレイも。

　19歳でモデルの仕事を始め、黒髪のロングヘアを美しく保つため、初めて手にしたメイソンピアソンのブラシ。当時も今もヘア＆メイクさんが使っているのは、必ずと言っていいほどこのブラシなのです。髪が絡まりにくく、とにかくまとめやすいのが特徴。そのころオーディションに行く時は、このブラシで髪を後ろの高い位置できっちりとポニーテールにまとめ、きりっとした顔立ちを演出して臨んだものです。英国の老舗であるメイソンピアソンは、創設者のメイソン・ピアソンの「ブラシは猪毛に限る」の言葉どおり、創業から140年以上たった今でも、生産商品のメインは上質な猪毛（黒毛）100％ブラシです。猪毛はとても硬いのですが、適度な水分と油分が含まれ、キューティクルの敵となる静電気が起こりにくいそうです。ゆららの髪をまとめる時、また私の髪をブラッシングするのはハンディブリッスル。ほかにナイロンを混ぜてクシ通りをよくしたミックス、子供の髪が扱いやすいチャイルドブリッスルも揃っていて、私は小ぶりのチャイルドをいつもポーチに携帯しています。

EAU de TOILETTE
THÉ VERT
GREEN TEA
L'OCCITANE
EN PROVENCE

sensory
THERAPY
Peace of Mind

REMEDIES
TO ROLL
Energy

## マリアージュ フレールの紅茶のキャンドル

　いろいろなキャンドルを使っていますが、その中でも特に気持ちが落ち着くのが、お茶の香りをベースにしたマリアージュ フレールのキャンドルです。とても品のある香りと、シンプルなグラスに惹かれて、パリのブティックで初めて購入。その後、日本のブティックでもリピート買いしています。家の中のあちこちにキャンドルを置いていますが、これは玄関に。穏やかな残り香に、帰宅した瞬間、ほっと癒やされています。

PRODUCT：(左)ダージリン／(右)テ ブラン
SIZE：175g(約50時間継続)　PRICE：¥8400

## ロクシタンのグリーンティ オードトワレ

　香り好きとは言え、自分自身が強い香りをまとうのは苦手です。長いことフラワーベースの香りを愛用していましたが、その後に続く香りがなし。さまざまな香りを試してみましたが、どれも私には強過ぎてしまう。でもただ一つ、これだ！と思ったのが、ロクシタンのグリーンティです。乾燥させた緑茶にシトラスフルーツをブレンドしたさわやかな香り。つけたてより、時間がたって薄くなったほうが、自分らしい香りになる気がします。

SIZE：100㎖　PRICE：¥5250

## オリジンズのピース オブ マインド

　仕事中、疲れたな、気分を変えたいなという時に、こめかみや耳の後ろに塗るのが、このリフレッシュジェルです。バジル、ユーカリ、ペパーミントの香りがすーっと鼻を通ると、本当にリフレッシュ。最近はポーチではなくペンケースに入れて、仕事中にさっと使えるようにしています。ある日、オフィスのスタッフの机を見渡したら、何人かがピース オブ マインドを置いていました。ちなみに効果のほどは謎ですが、私はダイエット中、食べたい気持ちをとどめたい時も、これを使います（笑）。

SIZE：15㎖　PRICE：¥1785

## ニールズヤード レメディーズのアロマパルスパワー

　ピース オブ マインドがペンケースの必需品だとしたら、こちらはポケットの必需品。ロールオンタイプで塗りやすい、携帯用フレグランスオイルです。撮影中も立ったまま耳の後ろにささっ、また飛行機の中では控えめに手首にささっと塗って、香りをすーっと吸い込むなどしています。私の好きな香りはエナジーで、配合されているのはラベンダー、ゼラニウムなど。このナチュラルな香りでとても落ち着き、次の撮影に向けてよしっ！と気持ちを引き締められるのです。

SIZE：9㎖　PRICE：¥1365

PAUL & JOE

## ポール＆ジョーのグロスとリップ

　フランスのデザイナー、ソフィー・アルブがデザインするポール＆ジョーの世界観が好きです。特に化粧品。この口紅やグロスも最初はパッケージに惹かれました。ふだんのメイクでは、口紅はほぼピンク系しかつけない私ですが、09番はツボにはまったソフトオレンジです。ほんのり明るさと華やかさを口もとにプラスしてくれるので毎日愛用。もう一つ26番も、最近のお気に入りです。見た目はかなりのピンクですが、塗ってみるととても上品。ナチュラルな色みは気をつけないと顔色が悪く見えがちですが、この2色は適度な赤みがあるので、その心配はなし。質感もクリーミーで、スティックのまま塗ってもきれい。そして口紅同様、私のメイクの必需品がリップグロス。カジュアルな日の口もとは、グロスのみのことも。04番はゴールドパールが配合されていて、唇に適度なツヤ感がのります。多少はみ出してもおかしくないし、私は中央にちょんちょんとのせ、唇をンパッとこすり合わせて終わり！です。

PRODUCT：（左）リップグロス N 04 Peach sherbet ／（右）リップスティック N 09
PRICE：（左）¥2625 ／（右）¥3150
※リップスティック N 09は廃番のため、現在取り扱いがありません

PERFECT POTION
buzz off
body spray
keep bugs away
125mL
citronella
hoken
HONEY CREAM
TRADE MARK
KANTO YOHO KAGAKU KENKYUJO

## パーフェクトポーションのバズオフボディスプレー

わが家では、なぜか夫には蚊が寄りつかず（笑）、私と娘ばかりに集中攻撃。そんな私たちを見かねて、友だちが「虫が嫌いなエッセンシャルオイルで作った、子供の肌に安心して使える虫除けよ」とオーストラリアのパーフェクトポーションを紹介してくれました。虫除けに多用される化合物のディートが入っていません。シトロネラ、ペパーミントの香りや、シュッシュッと肌につけた時の肌がひんやりする感じも気に入っています。

SIZE：125mℓ　PRICE：¥1470

## ハニックスのシェイビングクリーム

手がべたつくのがイヤで、長年アンチハンドクリーム派でした。でもネイルサロンで、不思議とベタベタしないものを発見。ホーケンハニックスという、ハチミツやローヤルゼリーの特性を研究し、化粧品の開発を続けている日本の会社のものでした。パッケージには、なぜか「シェイビング」の表示。カミソリ後の肌にも使える穏やかなクリームなのです。のびのよいテクスチャーで、塗った後はさらり。おかげで最近、私の手は乾燥知らずです。

SIZE：60g　PRICE：¥1890

## 梵天付き耳かき

衛生上、耳掃除は綿棒が一番なのかもしれませんが、やはり心地よさで選ぶと梵天付き耳かきに限ります。これはヘラの部分が平らで先に丸みがあるので、耳の中が痛くなりません。小さいころ、娘が「耳かきして〜」と来ると、私が母にしてもらったように、ひざ枕で耳掃除をしました。娘いわく「耳かきしてもらうと眠くなる」とのことだったので、当時は「早く眠くなれ〜」と祈りながら、梵天で耳の中をこしょこしょしたものです（笑）。

## ヴィトリーのツィーザー

ロンドンで撮影中、コーディネーターさんが「ツィーザーならこれがいいよ」と教えてくれたのがフランスのヴィトリー。デパートのセルフリッジで購入しました。これは眉毛のムダ毛を整える時に便利で、どんな細いムダ毛もキャッチ！ 先がもっとシャープなものや、LEDライト付きのものもあります。色も味気ないステンレスカラーではなく、白、黒、パープルなどがあるので、ツィーザーにちょっぴりおしゃれエッセンスが加わります。

PRODUCT：ヴィトリーツィーザーズ　PRICE：¥1890

## デル ファブロのアイロン台

　アイロンがけはどちらかと言えば苦手な家事の一つ。私自身の服は幸いにも（？）アイロンがけが必要のない、洗いざらしで着られる素材が多いのですが、最近は娘が学校に着ていくブラウスやら、ハンカチやら、お弁当用のクロスやら、なんだかアイロンがけが増えてきました……。それなので週に何回か、今日はアイロンの日と決め、家中のプレスが必要なものをかごにかき集め、自分に気合いを入れてやっています。このアイロン台は、ものすごく安定感があり、また奥行きがあるので、とてもアイロンがけやすいのです。木製で白いカバーという、インテリアとしての見た目に惹かれたのですが、思いがけず機能性も優れていました。アイロン台の白いカバーは、うれしいことにはずして洗え、しかも脚をパタンとたためばクロゼットにも収まります。それにしてもアイロンがけが毎日だったら苦痛。つくづく夫がワイシャツ族でなくてよかった、と胸をなで下ろす私です。

SIZE：幅120cm×奥行き45cm×高さ85cm　PRICE：¥19950

# ラバーメイドのゴミ箱

MATERIAL：ポリエチレン
SIZE：φ32cm×高さ70cm
PRICE：¥9870

　ハグ オー ワーのオフィスを立ち上げる時、紙のゴミが多いと予想され、大きなゴミ箱を探していました。当時は理想のサイズがなかなか見つからず、F.O.B COOPでやっと見つけたのがアメリカ製のラバーメイドのもの。これは「マーシャルコンテナ」という頭に丸い蓋のついた筒型ゴミ箱の「リジットライナー」、つまりゴミの回収に出し入れする内ゴミ箱なのです。柔軟性の高いポリエチレン製で、継ぎ目のないフォルムがシンプルで男っぽく、オフィスにはちょうどいいなと思い選びました。当時、家でも使いたかったけれど、そのころは、もう天国へ行ったいたずら好きの犬、モリラが健在。どう考えても倒されて散らかるだろうと、蓋付きでないゴミ箱は諦めざるを得ませんでした。今は、安心して自宅のパソコンデスクの横に置いています。オフィスでは大きなパターンの紙などを丸めてこれに立てるといった使い方もできて重宝。でも現在は残念ながら仕様が変わり、アクセントになっている中央のスタンプ文字がなくなったそうです。

# SIDE BY SIDEの洗濯物干し

　晴れた日には庭でも使いますが、基本的に室内で使っている洗濯物干し。毎日使うものだから、かわいくて、機能的なものがいいなと思っていたところ、ザ・コンランショップに今どき珍しい木製の洗濯物干しを見つけました。これはドイツの障害者工房が中心となり、一般工房の技術と人材をコラボさせて取り組んだ「SIDE BY SIDE」というプロジェクトの作品だそう。どうりで素朴なデザインに手仕事感があふれているはずです。縦、横に張られたひもが整然としており、洗濯物をついついきちんと干してしまいま

す。あまりにも干し姿（？）が美しいので、人が来てもあわてて片づけず、手前に大きなタオルをかけて目隠しすれば、ま、いいかという時もあります（笑）。そのうえ、この洗濯物干しはたたんだ姿も美しい！ たたんだ姿まで考えてデザインされたのでは？と思ってしまうほど。そして木製にもかかわらず、今のところ木のベースがカビることなどもなく、まだこの先何年も使えそうです。

PRODUCT：CLOTHES DRYER　MATERIAL：ソリッドアッシュ材
SIZE：（オープン時）幅184cm×奥行き63cm×高さ86cm ／（クローズ時）幅63cm×奥行き12.5cm×高さ139cm　PRICE：¥47250

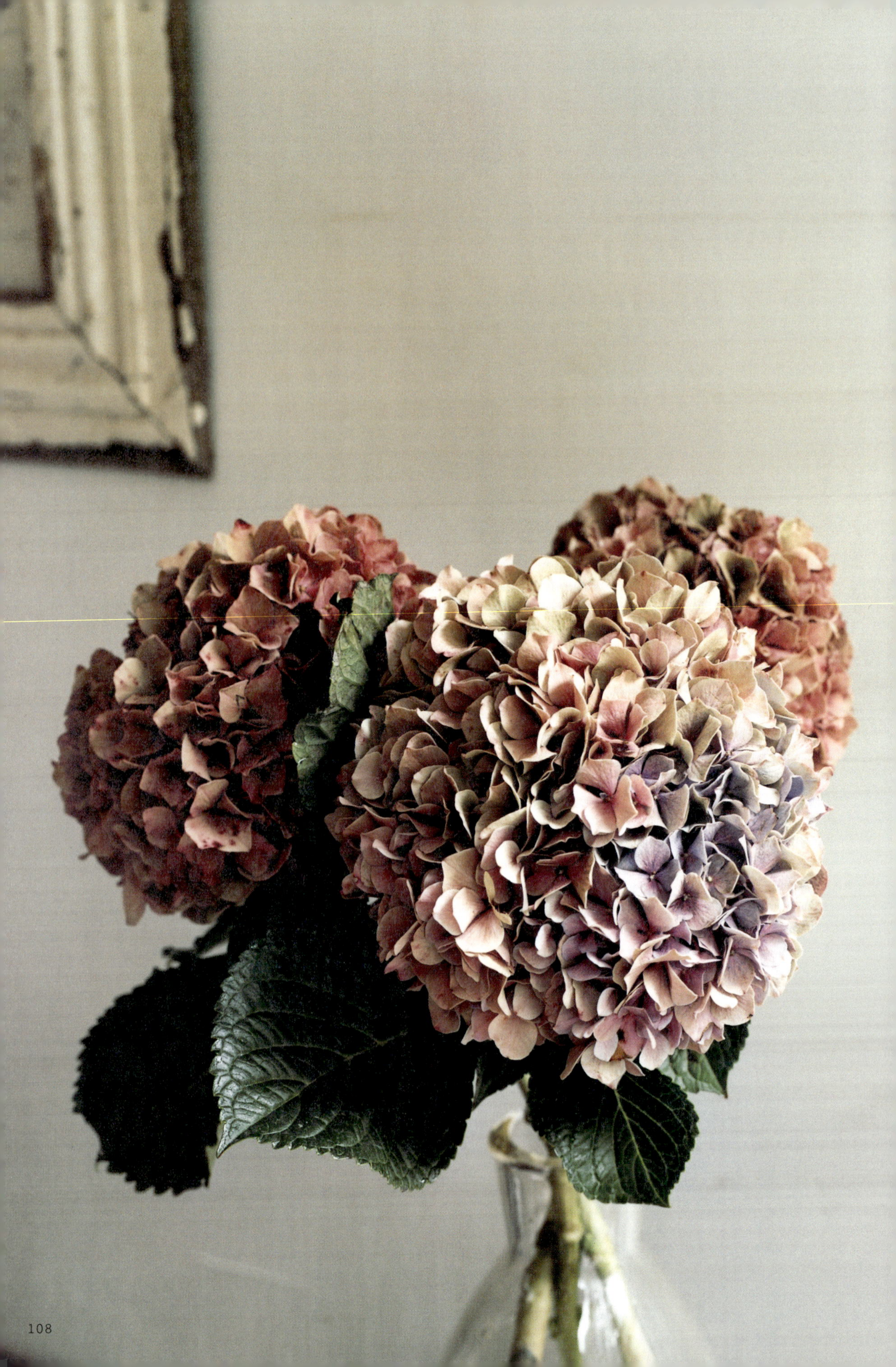

## あじさい

　今は輸入物のあじさいが四季を問わず花屋さんに並び、やや季節感が薄れるものの、道を歩いていて庭先から顔を出すあじさいを見かけると、ああ、梅雨だなと感じます。真っ白、緑、ピンク、紫、そして青……。初夏にはうちの庭にもブルーのあじさいが咲き誇りますが、それでも毎年色が微妙に違うのが不思議です。あじさいはとても丈夫で、毎年たくさんの花が咲き、梅雨から盛夏まで観賞できる期間が長いのもうれしいところ。実は花と呼んでいる部分は装飾花*で、花びらに見えているのは萼（がく）だそう。本来の花は小さく目立たないものだそうです。今、日本で一般的な西洋あじさいは、すべてが装飾花になってしまっているとか。友だちが毎年庭に咲くあじさいをカットして持ってきてくれて、その時期はうちのお店が、あじさいであふれ返ります。普通同じ花を飾る時は、どうしても同系色でまとめがちですが、いろんな色がまぜこぜになっていてもかわいいのもあじさいの魅力。また最近は秋色あじさい**も人気で、こちらはドライフラワーにしても飾れます。昨年はあじさいの名所の一つ、鎌倉の成就院を訪ねました。道の両側を一面に埋め尽くすあじさいの美しさにただただうっとり。毎年、梅雨になったらあじさいの名所を訪ね、うっとうしい気分を一掃しようと思っています。

## 有次の花切りばさみ

　庭のあじさいを切るのに使う、有次の花切りばさみ。ゆららにも小さいころからよいものを使って欲しいと思い、大・小お揃いで。それぞれに「雅姫」「ゆらら」と名前が入っています。

PRODUCT：古流　MATERIAL：鉄　SIZE：(左)18cm／(右)12cm　PRICE：(左)¥11550／(右)¥8400

*装飾花……おしべ、めしべが退化し、花冠と萼だけが発達した花　**秋色あじさい……通常あじさいは、翌年にも花を咲かせるために、7月末から8月にかけての剪定が必要。これをせず、そのままにしておくと花色が変化し、俗に秋色あじさいと呼ばれる渋めの趣のある色になる

あまりにも有名なツェツェの「Vase d'avril（ベース ダブリル）」（4月の花器）。21本の試験管が20個のとめ具でつながり、その形を自由に変化させて花を飾ることができます。ツェツェはパリの国立工芸学院で知り合ったカトリーヌとシゴレーヌが始めたデザインユニットで、この花器はパリのポンピドーセンターのコレクションにもなった代表作です。なによりの魅力は、どんな花を飾っても個性のあるディスプレイになること。しかも雰囲気は和でも洋でもOK。庭に咲いている花を摘んでそれを飾っただけで、一つの作品になってしまいます。この日、私が飾ったのはラナンキュラス、アイビーベリー、シルバーレースなどなど。華道を学んだことはありませんが、花器の前に花ばさみを持って立ち、ピッチャーに水を用意し、花の高さを調節し、アレンジしていく作業は、何時間やっていても飽きません。試験管を一直線に並べ、例えばサイドの花は高めに、中央は低めに切って飾る。また試験管をギュッと縮めて、手前には花を低く、奥には高さを出して奥行きを演出するなど。この花器があれば、誰もが花を飾るのが楽しくなること間違いなしです。

## ツェツェの花器

MATERIAL：ガラス　亜鉛でメッキされたスチール
SIZE：(小サイズ) 幅55cm×縦11cm ／ 試験管（各）φ2.5cm
PRICE：¥24150

球根

　秋になると天気のいい休日が待ち遠しくなります。毎年、10月から11月の間に、仕事の合間や休みの日に買い集めておいた球根を植えつける作業があるからです。これは直植え、これは水栽培に、これはビンをアレンジして……と庭のレイアウトを考え、部屋の中に置き場を決め、準備します。球根の楽しみはまさに「植えつける」ことなのです。次の楽しみはだいたい2月ごろ。球根からニョキッと芽が出ると、まるでわが子が誕生したような気分。時間を忘れて眺めてしまいます。毎年、私が用意する球根はヒヤシンス（写真）、チューリップ、水仙、ムスカリ、スノードロップ、スノーフレイク、クロッカス……など。ムスカリなどの小さな球根は、少し植えつけ時期をズラしたほうがちょうどいいころあいとか。去年の球根は春が終わっても掘り起こさずにそのまま放置し、今年咲いた球根と比べてみたりしています。そうすることで毎年少しずつ知識が増え、貴重なライフワークになりつつあります。

*la drogue*

PRODUCT：(写真上から時計回りに) キッドモヘア／ドゥサー／キッドモヘア／ドゥサー／ドゥサー
COLOR：ティザン／デリス／テュルクワーズ フォンセ／コジ／ティータイム
MATERIAL：キッドモヘアはキッドモヘア 90％ ポリエステル 10％／ドゥサーはウール 70％ アンゴラ 30％
PRICE：キッドモヘア ¥340（10g）／ドゥサー ¥250（10g）

ラ・ドログリーの毛糸

　世間では手作りの人と誤解されているようですが、そんなに大作を作れる腕は持っていません（笑）。そんな私でも、不思議と創作意欲が湧くのがラ・ドログリーの毛糸です。昔、日本の毛糸屋さんでは思うような色が全然見つからず、パリのラ・ドログリーに行った時はもう興奮！ 色だけではなく、糸の種類や太さも豊富で、見ているだけでデザインのアイデアが湧いてきました。しかもこの毛糸なら、素材にニュアンスがあるので、多少目がズレてしまっても、糸がカバーしてくれて、かわいいのです。右の写真は以前私が編んだゆららのマフラー。「この色がいい！」とゆららが自分でリクエストした毛糸で編んだものです。普通のメリアス編みに、同じくラ・ドログリーで買ったボタンをアクセントにつけただけ。チクチクしない毛糸だから、子供も大丈夫。編み物は初めて！ という人は、ぜひラ・ドログリーの毛糸を使ってみてください。きっときっと編み物が、そして手作りが楽しくなるはずです。

## ジョン ルイスの
## 布切りばさみ

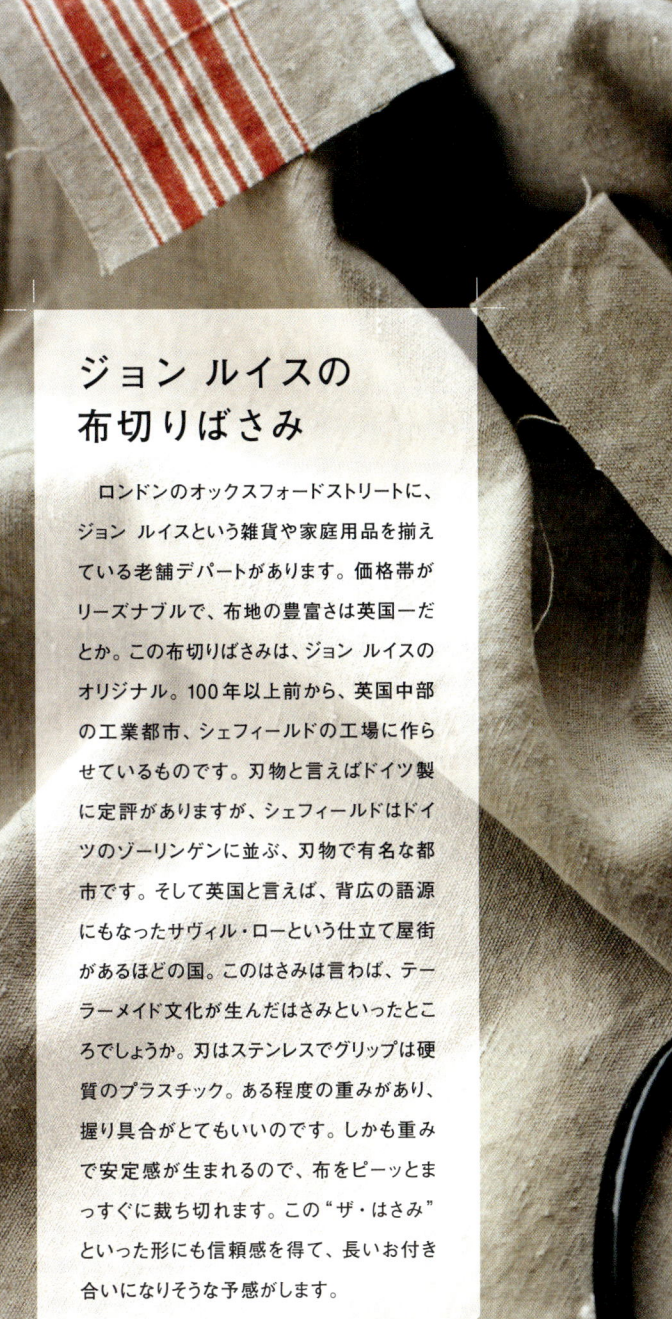

　ロンドンのオックスフォードストリートに、ジョン ルイスという雑貨や家庭用品を揃えている老舗デパートがあります。価格帯がリーズナブルで、布地の豊富さは英国一だとか。この布切りばさみは、ジョン ルイスのオリジナル。100年以上前から、英国中部の工業都市、シェフィールドの工場に作らせているものです。刃物と言えばドイツ製に定評がありますが、シェフィールドはドイツのゾーリンゲンに並ぶ、刃物で有名な都市です。そして英国と言えば、背広の語源にもなったサヴィル・ローという仕立て屋街があるほどの国。このはさみは言わば、テーラーメイド文化が生んだはさみといったところでしょうか。刃はステンレスでグリップは硬質のプラスチック。ある程度の重みがあり、握り具合がとてもいいのです。しかも重みで安定感が生まれるので、布をピーッとまっすぐに裁ち切れます。この"ザ・はさみ"といった形にも信頼感を得て、長いお付き合いになりそうな予感がします。

※このはさみは、現在日本での取り扱いがありません

## 無印良品のクリアホルダー

ハグ オー ワーのカタログ撮影で撮りためたポジや、デジカメ日記の写真が一覧になったサムネイルなど、仕事上、保存しておかなければいけない書類がいっぱいあります。それらの整理に活躍しているのが無印良品のクリアホルダー。背表紙にタイトルを作って貼りつけ、わかりやすいようにカタログのカバーをプリントしたものも貼って、オリジナルにアレンジ。たまると面倒なので、どんどんこのホルダーにファイリングしていきます。使いやすいので、私のスケジュール帳もこのホルダーに入れて管理。サイズはB5、A4、A4ワイド、A3などがあり、ポケットはA4なら10枚のものから60枚のものまで。いつもまとめて5～10冊単位で買っています。最近では娘も、お気に入りのタレントやモデルの写真を雑誌から切り抜き、このホルダーにせっせとスクラップしています。すべてのものがひと目で見渡せ、しかも軽い。これからもずっと使っていきたいので、願わくば規格サイズをいつまでも変えないでください。

PRODUCT：ポリプロピレンクリアホルダー　MATERIAL：ポリプロピレン　SIZE：（A4・20ポケットサイズ）縦31cm×横23.9cm×背幅1.6cm　PRICE：¥210

## ファーバーカステルの色鉛筆

絵を描くことが大好きな娘が、開けた瞬間に大興奮した色鉛筆。ドイツ、ルネッサンス期の画家、アルブレヒト・デューラーの名前がついたファーバーカステルが発売している水彩色鉛筆です。3.8mmの太芯は特殊ワックス加工されているので、とても柔らかくて描きやすい。でもなんと言っても、最大の魅力は120色という豊富なカラーバリエーションです。普通の色鉛筆では、絵を描く時に「雲の色はこれ」「木の色はこれ」と、どうしても決まった色になりがちです。でもこれだけあれば、想像をふくらませてグラデーションはつけられるわ、水彩なので色を重ねられるわ、水をつけてぼかせるわ、と色鉛筆とは思えない仕上がりも可能です。唯一の難点は、使ったら同じ場所に戻さないと、この美しいグラデーションの並びが崩れること。ケースごと落としたりしたら、どこに何色を入れていいのやら……。悲惨なことになります。そういう意味で、お片づけベタの娘には「出した場所に戻すこと！」と、いまだにいい整理整とんの練習に。彼女は勝手に「ゆららの色鉛筆」と呼んでいますが、これは値段が高いので親子兼用ですっ！

PRODUCT：アルブレヒト デューラー水彩色鉛筆120色（缶入）セット
SIZE：縦18.5cm×横34cm×高さ3.5cm
PRICE：¥37800

# PURE STYLE
ACCESSIBLE NEW IDEAS FOR EVERY ROOM IN YOUR HOME

JANE CUMBERBATCH

## ピュアスタイルの本

　ゆららが生まれた年、友だちから誕生日にプレゼントされた『PURE STYLE（ピュア スタイル）』。この本から受けた衝撃は、その後の私の人生を変えるきっかけとなりました。この本の著者、ジェーン・カンバーバッチは、インテリアデコレーションに新しいアプローチをしたスタイリスト。HABITATやLaura Ashleyなどの企業やインテリア雑誌から、常に新しいスタイリングの提案を求められています。この本で提案する彼女のスタイリングの特徴は、白い壁、木の床といった空間に、必ずプラスαの要素を加えていること。アンティーク、ホウロウ、ブリキ、ビビッドなさし色、花柄のクロス……。そのほどよいミックス感に目からウロコ。自分の世界を形にするのは、こういうことなんだ、と彼女の手法に心から感銘を受けたのです。この本をきっかけに、ますますインテリアへの興味が増していきました。『PURE STYLE』は、何年たっても私にとっての定番本なのです。

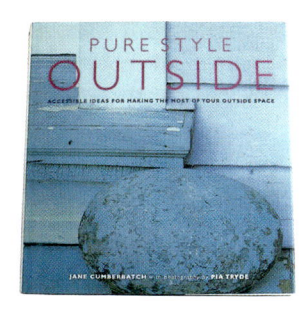

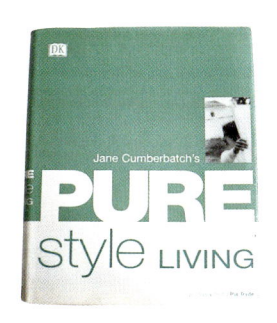

PRICE：（コンパクト判）PURE STYLE ¥2268 ／ PURE STYLE OUTSIDE ¥2436
※写真のハードカバーはすべて絶版

# ニューバランスM1300

　ランニングブームの昨今、本気で走るための靴を選ぶとしたら、最新機能を搭載した新型モデルが一番でしょう。でも犬の散歩か、夫や娘に付き合ってジョギングする程度の私には、ちょっと見た目を考えて、いつものファッションにも似合うものを、と思いました。そうして見つけたのが、ニューバランスのM1300CLです。M1300シリーズは1985年に登場し、何度かモデルチェンジを繰り返しました。大御所デザイナーであるラルフ・ローレンは、このシューズを100足はきつぶしたとか、折り目正しいホワイトハウスの官僚にも愛用者が多いとか言われる人気の品番です。ミッドソールのクッション性が心地よく"スニーカーのロールスロイス"という異名をとるほど。確かにはいていて、足が守られている感じ。でも残念なことにサイズ展開は24.0cmからという男性モデルのみ。幸いなことに私は足が大きめなのではくことができます。しかもクッションで少し背が高く見えるし、幅も広くはいていて、足に開放感を感じられる。カジュアルなワンピース、タイツにも相性よしで、今日はたくさん歩くぞ! という日は、迷わずこのグレーのニューバランスM1300をはいて出かけます。

PRODUCT : M1300CL　SIZE : 24〜30cm　PRICE : ¥16590

COLOR（鼻緒の色）：
ピンク／レッド／ブラック／ホワイト
SIZE：
8 1/2（約21cm）
9（約23cm）
9 1/2（約24cm）
10（約25cm）
PRICE：¥3990

## げんべいのビーチサンダル

　湘南在住の方、そしてサーファーの方々には、すでにおなじみのげんべい。鼻緒で指の間がすれてしまうので、長年ビーチサンダルは苦手でした。でもげんべいのビーサンは、なぜか平気。ゴムが適度に柔らかいからでしょうか。それからはビーサンにハマり、海に行く時にはもちろん、庭のつっかけ代わりにしたり、と長年の苦手意識がずいぶん薄れました（笑）。ちなみに足をのせるソールの部分は、つま先側が厚み1cm、かかと側が1.7cmで傾斜がついているため、テーパービーチと呼ばれており、横から見るとクサビ形です。サイズ展開は子供から大人まで12サイズあり、なによりの特徴は、鼻緒10色、ソール10色の、合計100パターンの中から自分だけの1足を選べること。それならば、とハグ オー ワーでも鼻緒とソールを選び、オリジナルのビーチサンダルを作りました。ギンガムチェックのオリジナルPVCコーティングバッグ付きです（写真右）。私は夫にげんべいのビーサンをプレゼントしたことがあるのですが、気に入ったのか、春、夏、そしてなぜか秋も足もとがビーサンでした……。

## リモワのスーツケース

RIMOWA® EVERY CASE TELLS A STORY.

PRODUCT：TOPAS
MATERIAL：アルミ
SIZE：104ℓ
PRICE（参考価格）：¥147000
※このスーツケースは、現在取り扱いがありません

　まだ小さかったゆららを連れて、10日間ほどフランスに行くことになり、多くなる荷物を予想して、リモワの一番大きいサイズを購入しました。リモワは1898年創業のドイツのカバンメーカー。1937年、飛行機のボディに使われるアルミ合金であるジュラルミン素材を使ったスーツケースが登場し、今でもそれがリモワの顔。その大きな特徴であるリブは、スーツケースの変形を防ぐためにつけられているそうです。私はその後いっさい浮気せず、10年近くリモワの愛用者。スーツケースとしてはとても軽く、そのうえ撮影のための洋服が十分に収まり、縦にしてコロコロ転がせるのが便利なのです。ただいっぱい入るからと安心して詰めていると、手痛いオーバーチャージを取られることも……。ゆららが一緒の旅の時は、リモワの特大サイズを2個転がしての旅になります。でも私がひとりで出張の時は、まだ小さかったゆららが「ママ、一緒に連れていって」とリモワの中に丸まって寝ころんでいたことがありましたっけ。

## スマイソンのパスポートケース

※このパスポートケースは、現在日本での取り扱いがありません

　空港に行くたびに思うのですが、飛行機に乗るまでの間、いったい何度ボーディングパスとパスポートを提示すればいいのでしょうか。出してはしまい、提示してはしまい。しまいには「あれ、どこに入れたっけ？」とあわてます。そんな悩みを解消しようと、ロンドンのスマイソン本店で買ったのが、このパスポートケース。今まで使っていたパスポートケースはボーディングパスが入らないサイズだったのですが、これは両方入るのでとても便利。しかもパスポートカバー付きです。バッグの中にこのケースがあれば、ここに全部入っているという安心感があります。スマイソンは英国王室御用達の老舗文具屋さん。スマイソンブルーの薄紙の手帳やら、レターセットが有名です。私にとっては高級ブランドというイメージが強く、あまりなじみがなかったのですが、パスポートケースをきっかけに、いろいろな製品を手に取ってみました。このケースも私にしては意外と言われる黒。でもその使い勝手と品質のよさに、ずっと使いたいと思える魅力のある製品です。

レコード

　娘が熱心にパソコンに向かっているなと思うと、たいていiTunesから好きな曲をダウンロードしています。わが家で時代の波に乗っているのは彼女だけ。両親ふたりはアナログです（笑）。家では夫の頑な趣味で、オーディオはレコードプレーヤーと真空管アンプです。曲が終わるとあわてて針を上げに行く手間はありますが、やはりレコード盤独特の音はいいものです。これは英国のGARRARD（ガラード）301というプレーヤー。1940〜1950年代の真空管アンプから出る音は、なんとも言えず温かい音です。私が好きなのはジャズやクラシック。仕事中はジャズ系が落ち着きます。男性ヴォーカルよりは女性ヴォーカルのほうがしっくり。好きなアーティストは（写真左上から時計回りに）マイルス・デイビス、リッキー・リー・ジョーンズ、チェット・ベイカー、ボブ・ディラン。昔はよくジャケ買いをして、失敗したこともあります。そう言えばつい先日、若いスタッフと話していたら、レコード盤への針の落とし方も知らないそう……。時代かな。

## ポラロイドカメラ

　専門学校でインテリアディスプレイの勉強をしていたころに、自分が作った作品を撮るために買ったポラロイドカメラ。ポラも一時は大ブームになりました。なによりの魅力はその場で写真がプリントアウトされて出てくること。友だち同士、いろいろなメッセージを書いて交換するのも流行りました。今はデジカメが生活の中心ですが、時々四角いトリミングと独特の色合いのポラロイド写真を妙に懐かしく感じます。私はよく旅先にポラロイドカメラを持参。写真を撮り、そこにメッセージを書いて渡したり、逆に相手にサインをしてもらったり。撮ってすぐ、お互いの顔が写った写真が見られることや、独特の色合いに、その場の空気がなごむことがよくあります。そしてハッと目を奪われた花や、気持ちよさそうに寝ている犬の寝顔を前にし、カメラの光調整ボタンを回し、ふっと息を止め、緊張しながらシャッターを切る。デジカメでは味わえない、そういう瞬間がなにより好きなのです。

※ポラロイドカメラは、現在生産されていません

私の愛着定番品をご紹介するために、家中からお気に入りを引っ張り出し、並べてみたところ、それが自分のこだわりを見つめ直すいいきっかけとなりました。その中には、シンプルなもの、手仕事のぬくもりを感じるもの、使っていくうちに味が出てくるもの、柔らかいもの、そして多少使い勝手が悪くとも愛着があるものがありました。すべてが完璧にキマり過ぎないものが、やっぱり好きなんだなと再認識もしました。また、父や母との生活の中で、自然に教えられてきた素晴らしいものもその中にはたくさんありました。そして今あるこれらのものを、もっともっと大切にしたい、生活の中に生かしたい、と心から感じることができました。皆さんもたまにはクロゼットや引き出しの中を整理しつつ、自分の持ち物を振り返ってみてはいかがでしょうか？　意外な自分についての発見があるかもしれません。

　　　　　　　　　　　　　　　　　　　　　　　　　　雅姫

# お問い合わせ (50音順)

**あ**
- A.P.C.のジーンズ ── A.P.C.カスタマーサービス ☎03-5459-6502
- あけびのかご ── QUICO（キコ）☎03-5464-0912
- アピルコの水切り ── F.O.B COOP青山店 ☎03-5770-4826
- 有次の料理道具、花切りばさみ ── 有次 075-221-1091
- アルフィーのポット ── リビング・モティーフ ☎03-3587-2784
- ヴィトリーのツィーザー ── QUOMIST新丸ビル店 ☎03-6269-0111
- 漆のスプーン ── 遊くらふと ☎076-224-0015
- オリジンズのピース オブ マインド ── オリジンズ ☎03-5251-3550
- オン フィル ダンディエンヌのブランケット ── オルネド フォイユ ☎03-3499-0140

**か**
- 気泡のガラス ── ファーマーズテーブル ☎03-5766-5875
- げんべいのビーチサンダル ── ハグ オー ワー ☎03-5729-7045
- コンバースのキャンバス オールスター ── コンバースインフォメーションセンター ☎0120-819-217
- コテ バスティッドのバスマット ── ハグ オー ワー ☎03-5729-7045

**さ**
- サイザルのかご ── Zakka http://www2.ttcn.ne.jp/zakka-tky.com/
- SIDE BY SIDEの洗濯物干し ── ザ・コンランショップ ☎0120-04-1660
- ザ・コンランショップのソファ ── ザ・コンランショップ ☎0120-04-1660
- サルトルのブーツ ── NDC japan ☎03-5457-1286
- G.H ハート＆サンのストール ── ハグ オー ワー ☎03-5729-7045
- 刺しゅうの服 ── インターブリッジ（フォルテ フォルテ）☎03-5794-0157
- 柴田慶信さんの曲げわっぱ ── 柴田慶信商店 ☎0186-42-6123
- 白いピッチャー ── ARTS&SCIENCE代官山（アスティエド ヴィラット）☎03-5459-6375
- シュウ ウエムラのバスオイル ── シュウ ウエムラ ☎03-6911-8560
- ジョンストンズのカシミアストール ── 真下商事 ☎03-3663-7001
- ジョン スメドレーのニット ── リーミルズ エージェンシー ☎03-3639-4547
- シンプレックスのケトル ── ホーム＆グリーン ☎03-5785-0225
- 水牛のスプーン ── Madu（マディ）青山店 ☎03-3498-2971

**た**
- ツェツェの花器 ── ギャラリー・ドゥー・ディマンシュ青山店 ☎03-3408-5120
- デュラレックスのグラス ── ホームデポ ☎027-361-4710
- デル ファブロのアイロン台 ── F.O.B COOP青山店 ☎03-5770-4826
- テンピュールの枕 ── テンピュール・ジャパン ☎0120-17-1941
- ドットプリント パナマハット ── ワコマリア ☎03-3462-5722
- 服 ── ハグ オー ワー ☎03-5729-7045

| | | |
|---|---|---|
| **な** | ナンタケットバスケット —— ハグ オー ワー ☎03-5729-7045 | |
| | ニールズヤード レメディーズのアロマパルスパワー —— ニールズヤード レメディーズ ☎03-5775-4282 | |
| | ニューバランスM1300 —— ニューバランス ジャパンお客様窓口 ☎03-3546-0997 | |
| **は** | パーフェクトポーションのバズオフボディスプレー —— たかくら新産業 ☎03-5466-3920 | |
| | ハグ オー ワーのタオル —— ハグ オー ワー ☎03-5729-7045 | |
| | ハニックスのシェイビングクリーム —— ホーケン ☎0120-83-99-83 | |
| | ハンターのレインブーツ —— ボーイズ ☎078-332-5873 | |
| | 一粒パールのネックレス —— ハグ オー ワー ☎03-5729-7045 | |
| | ピュアスタイルの本 —— 嶋田洋書 ☎03-3407-3863 | |
| | ファーバーカステルの色鉛筆 —— 日本シイベルヘグナー ☎03-5441-4515 | |
| | ヘレン カミンスキーのラフィアの帽子 —— ヘレン カミンスキーオフィス ☎03-5412-0480 | |
| | ポール＆ジョーのグロスとリップ —— ポール＆ジョー ボーテ ☎0120-766-996 | |
| **ま** | マーガレット・ハウエルのシャツ —— アングローバル ☎03-5467-7864 | |
| | マッキントッシュのコート —— 八木通商 ☎03-3589-0260 | |
| | マリアージュ フレールの紅茶のキャンドル —— マリアージュ フレール ジャポン ☎03-3267-1854 | |
| | 無印良品のクリアホルダー —— 無印良品 有楽町 ☎03-5208-8241 | |
| | メイソンピアソンのブラシ —— オズ・インターナショナル ☎03-5213-3060 | |
| **や** | 湯のみ茶碗　阿久津真希 —— nagi ☎0263-83-4510 | |
| | 　　　　　　伊藤聡信、岡田直人 —— 木と根 ☎075-352-2428 | |
| | 　　　　　　花岡 隆 —— 桃居 ☎03-3797-4494 | |
| | 　　　　　　村木雄児 —— Zakka　http://www2.ttcn.ne.jp/zakka-tky.com/ | |
| **ら** | ラ・ドログリーの毛糸 —— ラ・ドログリー ☎075-803-6171 | |
| | ラバーメイドのゴミ箱 —— F.O.B COOP青山店 ☎03-5770-4826 | |
| | Leeのジーンズ —— ベルベルジン ☎03-3401-4666 | |
| | リーバイス501 —— ベルベルジン ☎03-3401-4666 | |
| | リバティプリントの服 —— ハグ オー ワー ☎03-5729-7045 | |
| | リモワのスーツケース —— 林五 ☎03-3861-2297 | |
| | ル・クルーゼの鍋 —— ル・クルーゼ ☎03-3585-0198 | |
| | レザビヌフのバッグ —— ハグ オー ワー ☎03-5729-7045 | |
| | レ ネレイドのアクセサリー —— 三崎商事 レ ネレイド ☎03-5775-1211 | |
| | レペットのバレエシューズ —— F.E.N ☎03-5785-3319 | |
| | ロクシタンのグリーンティ オードトワレ —— ロクシタン ジャポン カスタマーサービス ☎03-3234-6940 | |

Profile

雅姫（まさき）

1972年、秋田県生まれ。モデルであり、東京・自由が丘のキッズ＆レディースウエアの店『ハグ オー ワー』
と、キッチンクロス専門店『Cloth & Cross』のデザイナー。
夫と中学生の娘、愛犬のグレゴリーともぐらと一緒に東京に暮らす。
近著にLEE特別編集『雅姫のリバティノート』や『Basketry いつもかごと一緒に』（集英社）などがある。
ほかに『東京散歩』（扶桑社）、『花の本』（集英社）なども。

ブックデザイン：大島依提亜
撮影：新居明子
取材・構成：今井 恵
編集：岸山沙代子

私の愛着定番77

2009年4月19日　第1刷発行

著者　雅姫
発行人　和田美代子
発行所　株式会社　集英社
　　　　〒101-8050　東京都千代田区一ツ橋2-5-10
　　　　編集部 03-3230-6340　販売部 03-3230-6393　読者係 03-3230-6080
印刷所　凸版印刷株式会社
製本所　加藤製本株式会社

定価はカバーに表示してあります。
造本には十分注意しておりますが、乱丁・落丁（本のページの順序の間違いや抜け落ち）の場合はお取り替えいたします。
購入された書店名を明記して小社読者係宛にお送りください。ただし古書店で購入されたものについてはお取り替えできません。
本書の一部あるいは全部を無断で複写・複製することは、法律で認められた場合を除き、著作権の侵害になります。

©2009 Masaki Printed in Japan
ISBN978-4-08-780513-0 C2077